目指せ！英語授業の達人44

絶対成功する！

「思考力,判断力,表現力」
を育てる
授業づくり
アイデアブック

中学校

瀧沢広人 著

明治図書

はじめに

Preface

　皆さんは，英語の授業で，「思考力，判断力，表現力等」の指導って悩んだことはありませんか？

　一体，何をどう指導したらよいか，迷い，考えたことはないでしょうか？

　私はずっと悩んできました。

　よく，「思考力，判断力，表現力等」には，目的や場面，状況などが必要ということを聞きます。そこで，目的や場面，状況などを設定した言語活動を行います。しかし，その活動をしたからといって，どのような「思考力，判断力，表現力等」の"力"が生徒に付くのでしょうか。

　例えば，次のように言語活動を仕組んだとします。

・あなたは世界料理ショーに出場することになりました。自分の好きな料理の作り方を英語で説明しましょう。
・あなたの町では，毎年，世界文化交流フェスティバルが行われます。海外の人向けに「町の紹介ビデオメッセージ」が流れます。あなたのところに，ビデオメッセージ作成の依頼が来ました。1分間でビデオメッセージを作りましょう。
・あなたのクラスにある有名人が来ます。ヒントを出しながら，その有名人を当ててもらいましょう。

　これらの活動を行うと，一体，生徒にどんな「思考力，判断力，表現力等」の"力"が付いていくのでしょうか。逆に，どんな"力"を付けたいと思って授業をやるのでしょうか。

　私自身，「思考力，判断力，表現力等」となると，雲をつかむような話となり，一体，何をどう指導すればよいのか分からずにいました。

　しかし，1つだけ分かってきたことがあります。「思考力，判断力，表現力等」とは，「考えて☞判断して☞表現する」こと。つまり，伝えたい内容を考え，それをどのような英語で伝えたらよいのか判断し，声に出して表現することです。これが，「話すこと」の「思考力，判断力，表現力等」のプロセスになります。この過程で，生徒に身に付く"力"は，既習事項を活用して伝えたいことを適切に伝える発信力です。

　これもとても大事な力です。しかし，与えられた場面や状況の中で行う言語活動なので，当然，使用する語彙や表現が限られますし，その場限りでの力となります。そうではなく，他の場面でも使えるような汎用的な力を，私は求めていました。

　そこで，指導案における目標の記述や，評価規準の記述に注目しました。

　例えば，次のような目標があったとします。

（目標1）
　世界料理ショーで自分の好きな料理の作り方を英語で説明するために，簡単な語句や文を用いて英語で伝えることができる。

この目標では，どんな英語でも，伝えることができれば OK となります。

しかし大事なのは，どのように伝えるかだと思うのです。伝え方に「どのように」を入れると，それが「話すこと」の「思考力，判断力，表現力等」の"力"になるのではないかと考えたのです。

そこで，次のようにしてみます。

（目標2）
　世界料理ショーで自分の好きな料理の作り方を英語で説明するために，**必要な情報を整理し**，簡単な語句や文を用いて英語で伝えることができる。

このようにすると，「必要な情報を整理する」というところが，「思考力，判断力，表現力等」として育てたい"力"となり，指導すべき事項が明確になると考えました。そして，その先には，相手意識があります。相手に分かりやすく伝えるために，必要な情報を取り出し，それを分かりやすく伝えるために整理し，説明の順番を考え，分かりやすく伝えるための英語で発信します。最終的には，分かりやすく伝えるためであり，その根底には，相手意識があるからこその思考力となります。そして，そのような，「思考力，判断力，表現力等」で育てたい"力"を，指導事項として抽出していけば，指導目標が立てやすくなるのではないかと考えたのです。「必要な情報を整理する」を汎用性をもたせた指導事項とすれば，次の目標でも応用可能となります。

（目標3）
　世界文化交流フェスティバルで放映される町の紹介ビデオメッセージを作成するために，**必要な情報を整理し**，町の魅力を伝えることができる。

本書では，中学校英語授業の実際の場面で活用できる「思考力，判断力，表現力等」の考え方や，その方策について，紹介したいと思います。

Prologue では，そもそも英語授業における「思考力，判断力，表現力等」とは何であるのか，まずは，その外堀を確認したいと思います。

Chapter 1 では，「思考力，判断力，表現力等」の考え方を整理しました。

Chapter 2 では，18の指導事項を取り上げ，授業での活用について考えます。この指導事項は，あくまでも例ですので，その他，汎用性のある指導事項が増えてくることと思います。

Chapter 3～7は，4技能5領域の「思考力，判断力，表現力等」の指導アイデアをワークシートとともに提示します。

「思考力，判断力，表現力等」の指導をする上で，本書が少しでも参考になれば幸いです。

2025年3月

岐阜大学教育学部　瀧沢広人

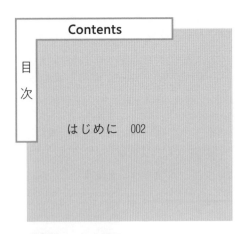

Prologue 「思考力，判断力，表現力等」とは？

01 「聞くこと」における「思考力，判断力，表現力等」って何？ …… 012
02 「読むこと」における「思考力，判断力，表現力等」って何？ …… 013
03 「話すこと」における「思考力，判断力，表現力等」って何？ …… 014
04 「書くこと」における「思考力，判断力，表現力等」って何？ …… 015

まとめ　016

Chapter 1 「思考力，判断力，表現力等」を考える8つのポイント

01 「思考力，判断力，表現力等」にはなぜ「目的や場面，状況など」が必要なの？ … 018
02 「思考力，判断力，表現力等」の育成の目的は何？ …… 019
03 「思考力，判断力，表現力等」の重要なポイントは？ …… 020
04 「思考力，判断力，表現力等」の目標や評価規準の作成ポイントは？ …… 021
05 「思考力，判断力，表現力等」は，どう指導したらいいの？ …… 022
06 「思考力，判断力，表現力等」の言語活動で，期待した表現が使われない時には？ …… 023
07 「思考力，判断力，表現力等」では，何を頼りに指導したらいいの？ …… 024
08 どんな指導事項があるの？ …… 025

まとめ　026

Chapter 2 ## 18の指導事項でみる 「思考力，判断力，表現力」

01	くわしく伝える（話す・書く）	028
02	内容を整理して伝える（話す・書く）	029
03	「構成」を考えて聞く／読む／伝える（聞く・読む・話す・書く）	030
04	「事実」と「考え」を区別する（聞く・読む・話す・書く）	031
05	「考え」や「気持ち」を伝える（話す・書く）	032
06	「情報」を聞き取る／読み取る／伝える（聞く・読む・話す・書く）	033
07	「概要」を捉える／伝える（聞く・読む・話す・書く）	034
08	「要点」を捉える／伝える（聞く・読む・話す・書く）	035
09	「理解を確認」しながら，聞く／話す（聞く・話す）	036
10	「繰り返し」て，理解を示したり，確認したりする（聞く・話す）	037
11	「考えと理由」はセットで伝える（話す・書く）	038
12	説明する（話す・書く）	039
13	良さや魅力を伝える（話す・書く）	040
14	要約して伝える（話す・書く）	041
15	即興で伝える（話す）	042
16	読み返す（書く）	043
17	会話を継続し，伝え合う（話す）	044
18	引用する／客観的な事実で伝える（話す・書く）	045

まとめ 046

Chapter 3 聞くことの「思考力，判断力，表現力」を育てる
授業づくり＆ワーク

01 「情報」を聞き取る
複数の情報を正確に聞き取り，メモする ──────────── 048
1年1学期／be動詞・一般動詞

02 「情報」を聞き取る
対話を聞き，聞き取った情報をメモする ──────────── 050
1年1学期／be動詞・一般動詞の疑問文

03 「情報」を聞き取る
置かれた状況から，必要な情報を聞き取る ─────────── 052
2年1学期／未来形　他

04 「情報」を聞き取る
重要な情報を聞き取る ─────────────────── 054
2年2学期／道案内表現　他

05 「概要」を捉える／伝える
概要を聞き取る ──────────────────── 056
2年3学期／過去形　他

06 「要点」を捉える／伝える
要点を聞き取る ──────────────────── 058
3年1学期／過去形　他

07 「要点」を捉える
物語の教訓を聞き取る ─────────────────── 060
3年2学期／特になし

まとめ　062

Chapter 4 読むことの「思考力，判断力，表現力」を育てる
授業づくり＆ワーク

01 「情報」を読み取る
複数の情報を正確に読み取る ·· 064
1年1学期／be動詞・一般動詞　他

02 「情報」を読み取る
「対話文」から，情報の読み取りを行う ································· 066
1年1学期／be動詞・一般動詞

03 「情報」を読み取る／「要点」を捉える
話題の中心は何かを読み取る ··· 068
1年3学期／現在進行形　他

04 「事実」と「考え」を区別する
事実と考えを区別して読み取る ··· 070
2年1学期／不定詞　他

05 「概要」を捉える
概要を読み取る ··· 072
2年2学期／特になし

06 「構成」を考えて読む
文章構成を見抜く ·· 074
2年3学期／特になし

07 「要点」を捉える
要点を読み取る ··· 076
3年1学期／特になし

まとめ　078

Contents　007

Chapter 5 話すこと（やり取り）の「思考力，判断力，表現力」を育てる授業づくり＆ワーク

01 会話を継続し，伝え合う／即興で伝える
会話を継続させる ·· 080
1年1学期／be動詞・一般動詞　他

02 「考えと理由」はセットで伝える
考えと理由をセットで伝える ······································· 082
1年2学期／接続詞・不定詞（want to）　他

03 くわしく伝える
くわしく伝え合う ··· 084
1年3学期／過去形　他

04 くわしく伝える
夏休みの予定について尋ね合う ································· 086
2年1学期／未来形・不定詞（want to）　他

05 くわしく伝える／「考えと理由」はセットで伝える
職場体験先をアドバイスする ······································ 088
2年2学期／動名詞・不定詞（名詞的用法）

06 「考えと理由」はセットで伝える
一番大切な学校のルールを考える ····························· 090
3年1学期／助動詞・比較表現

07 内容を整理して伝える
まんがやドラマ，映画について伝え合う ················ 092
3年2学期／関係代名詞　他

まとめ　094

Chapter 6 話すこと（発表）の「思考力，判断力，表現力」を
育てる授業づくり＆ワーク

01 内容を整理して伝える
思考ツールを活用し，伝えたいことを整理する ……………………………… 096
1年1学期／be 動詞・一般動詞　他

02 「情報」を伝える
聞いた内容を他者に伝える ………………………………………………………… 098
1年2学期／三人称単数現在形　他

03 内容を整理して伝える
冬休みの出来事をクラスで発表する ……………………………………………… 100
1年3学期／過去形　他

04 内容を整理して伝える／良さや魅力を伝える
友だちの良さを伝える ……………………………………………………………… 102
2年1学期／過去形・未来形　他

05 内容を整理して伝える
ヒントクイズを作って発表する …………………………………………………… 104
2年2学期／不定詞　他

06 内容を整理して伝える／説明する
理想の AI ロボットを考える ……………………………………………………… 106
3年1学期／It for to・can　他

07 内容を整理して伝える／「構成」を考えて伝える
日本を紹介する CM を作る ……………………………………………………… 108
3年3学期／間接疑問文　他

まとめ　110

Contents　009

Chapter 7 書くことの「思考力，判断力，表現力」を育てる
授業づくり&ワーク

01 内容を整理して伝える／良さや魅力を伝える
メッセージカードで自分を伝える ……………………………………………… 112
1年1学期／be動詞・一般動詞　他

02 内容を整理して伝える／客観的な事実で伝える
外国人向けに町のゆるキャラを作って伝える ………………………………… 114
1年2学期／三人称単数現在形・can　他

03 内容を整理して伝える／読み返す
学校生活1年をふり返る ………………………………………………………… 116
1年3学期／過去形　他

04 「要点」を捉える／伝える／説明する
内容を適切に伝える ……………………………………………………………… 118
2年2〜3学期／未来形・受け身　他

05 内容を整理して伝える／客観的な事実で伝える
日本を伝えるクイズを作る ……………………………………………………… 120
2年3学期／比較・最上級　他

06 内容を整理して伝える／「情報」を伝える／良さや魅力を伝える
相手の立場になり，感謝の気持ちを伝える …………………………………… 122
3年1学期／原形不定詞　他

07 内容を整理して伝える／「構成」を考えて伝える／読み返す
英語について考える ……………………………………………………………… 124
3年3学期／既習事項

まとめ　126

おわりに　127

010

「思考力，判断力，表現力等」
とは？

01 「聞くこと」における「思考力，判断力，表現力等」って何？

　「聞くこと」の「思考力，判断力，表現力等」は，何をすることなのでしょう。元々，「思考」「判断」「表現」ですから，「考えて，判断し，表現する」ということになります。そこで，聞きながら，「どんなことを言っているのかな？」と，情報の取り出しを行います。次に，大まかな内容や「話題の中心や伝えたいことは何かな」と，話し手の考えや思いを捉えます。最後に，聞いたことに対して，自分の考えや思いを適切に反応することで表現します。これが，「聞くこと」の「思考力，判断力，表現力等」の学習プロセスになります。

　では，「何を考え，何を判断し，何を表現する」のでしょうか。これは学習指導要領にもある通り，「情報」「概要」「要点」がポイントになります。「どんなことを言っているのかな？」と「情報」の取り出しから始めます。メモを取らせたり，マッピングさせたりしながら，情報を聞き取らせます。その後，複数の情報の中から，

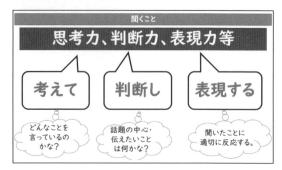

「必要な情報は何？」と，大事な情報を確認していきます。おそらくメモを取らせれば，その内容が，必然的に必要な情報となるかと思います。それらの情報をまとめると，「概要」の把握となり，大まかな内容を捉えさせることになります。次に，話し手の伝えたいこと，話題の中心を理解し，判断し，「要点」の把握を行います。最後は，適切な対応や反応をとり，表現します。このように，「聞くこと」の中でも，生徒は思考を働かせ，「思考力，判断力，表現力等」を育てていきます。

　なお，対応には，感想を述べたり，意見を伝えたり，話し手や他者の伝えたいことを言葉に表し，理解を示したり，話し手の話に，相づちを打ったり，質問したり，頷いたり，発言を繰り返したり等，多岐に渡ります。

ここがポイント！
「聞くこと」の「思考力，判断力，表現力等」

考える		判断する
情報	概要	要点
・どんなことを言っているのかな？	・まとめるとこんな内容かな？	・話題の中心や伝えたいことは何かな

→ 表現する
・適切な対応をとる

02 「読むこと」における 「思考力，判断力，表現力等」って何？

　「読むこと」の「思考力，判断力，表現力等」は，「聞くこと」と同様のプロセスになります。まず，読みながら，「どんなことが書かれているのかな？」と，情報を取り出します。次に，大まかな内容や「話題の中心や伝えたいことは何か」を判断し，概要や要点の把握を行います。最後に，読んだことに対して反応し，表現します。やはり，キーワードは，「情報」「概要」「要点」となり，この３つを適切に捉えることが，「読むこと」の「思考力，判断力，表現力等」の学習プロセスになります。

　授業における読み取りでは，本文を黙読させた後，発問を投げかけ，「情報」の読み取りをさせます。発問の仕方は多々ありますが，本文の上から順番に，情報を読み取らせることも１つの方法です。例えば，①転校生の名前は？（ミン・リー），②なんて呼べばいい？（ミン），③どこの出身？（台湾），④好きなスポーツは？（野球），⑤放課後何をする？（日本語を勉強する）と，まずは，浅い理解を行います。

　その後，深い理解に移ります。「野球について何と言っていますか」に対して，「人気がある」と答えられれば，情報の取り出しは，正確に行われていることが分かります。

　次に，大まかな内容（「概要」）を捉えさせます。「ミンは台湾の出身で，好きなスポーツは野球。放課後は日本語を勉強する」という日本語でのリテリングを行います。三人称単数現在形を学べば，英語によるリテリングができます。自己紹介の場面ですので，特に要点把握にまでは至らないかと思います。

　最後に，「表現」ですが，「ミンに対して，みんなはどんな自己紹介をしますか」と投げかければ，「放課後に日本語で話そう」と発言する生徒もいるかと思います。

ここがポイント！

「読むこと」の「思考力，判断力，表現力等」

考える		判断する	表現する
情報	概要	要点	適切な対応をとる
・どんなことが書かれているのかな？	・まとめるとこんな内容かな？	・話題の中心や伝えたいことは何かな	

03 「話すこと」における「思考力，判断力，表現力等」って何？

「話すこと」の「思考力，判断力，表現力等」は，文字通り捉えると，考えて☞判断して☞表現するとなります。つまり与えられた場面・状況の中で「どんなことを話そうかな？」と考え，「どんな語彙や語句，表現を使ったらいいかな」を判断し，声に出して表現します。これが，「話すこと」における「思考力，判断力，表現力等」の学習プロセスになります。

そう考えると，Levelt（1989）が提案したスピーキングのメカニズムとぴったり重なります。Levelt は，「内容を考え，言語化し，音声化し，そして伝わったかどうかモニターする。そして，それらを瞬時に行うのがスピーキングである」と述べています。

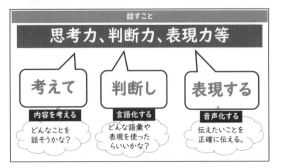

〔参考文献〕Levelt, W. J. M（1989）. Speaking：From Intention to Articulation. The MIT Press.

そして，もしうまく伝わっていない場合は，音声化に戻り，大きな声で言ってみたり，発音に気をつけて言ってみたり，または，言語化に戻り，語彙や表現を見直して伝えたり，もしくは，内容まで戻り，伝え方を変えたりしながら，スピーキングを完結させます。

そう考えると，「思考力，判断力，表現力等」の考えて☞判断して☞表現するは，Levelt（1989）の内容を考える☞言語化する☞音声化すると，ぴったり重なり，「スピーキングのメカニズム」そのものではないかと思いました。その中でも英語の授業では「判断する（言語化する）」のところが一番大事であると考えます。

ここがポイント！

「話すこと」の「思考力，判断力，表現力等」

【思考力，判断力，表現力等】		
どんなことを話そうかな？	思考	➡
どんな語彙や表現を使ったらいいかな	判断	➡
声に出して，適切に表現する	表現	➡

【スピーキングのメカニズム】
内容を考える
言語化する
音声化する

04 「書くこと」における「思考力，判断力，表現力等」って何？

　「書くこと」の「思考力，判断力，表現力等」はどうでしょうか。「書くこと」ですので，発信型の「思考力，判断力，表現力等」になります。そこで「話すこと」と同じように考えると，まず，「どんなことを書こうかな？」と書こうとする内容を考えます。次に，「どんな語彙や表現を使ったらいいかな」を判断します。最後に，文字に表して表現します。これが，「書くこと」における「思考力，判断力，表現力等」の学習プロセスになります。

　「話すこと」と違うのは，時間的なゆとり，すなわち，考える時間があるということです。内容を考えてから，それを表現するのにふさわしい語彙や表現を選ぶことができるのです。

　また，Levelt（1989）のスピーキングのメカニズムに沿って考えると，最後に，「モニターする」を入れるとよいでしょう。つまり，読み返し，うまく他者に伝わるかを再点検する校閲を行うのです。

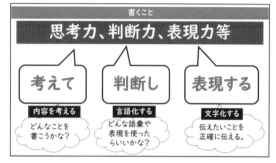

　この時に大事にしたいのが，「他者意識」です。書いた文章が，読み手に十分に理解してもらえるかどうかを読み返したり，友だちに読んでもらって意見を言ってもらったりしながら，他者に理解しやすい文章を書くことをねらいます。

ここがポイント！

「書くこと」の「思考力，判断力，表現力等」

【思考力，判断力，表現力等】			【ライティングのメカニズム】
どんなことを書こうかな？	思考	→	内容を考える
どんな語彙や表現を使ったらいいかな	判断	→	言語化する
文字に表して，適切に表現する	表現	→	文字化する

↓
モニターする

❶内容が十分伝わるかな？
❷補足する部分はないかな？
❸相手から質問が出てこないかな？
❹5W1Hで書けているかな？
❺話の順番はこれでいいかな？　等

Prologue 「思考力，判断力，表現力等」とは？　015

まとめ

　4技能5領域における「思考力，判断力，表現力等」の学習プロセスを確認すると，次のようになります。

【思考力，判断力，表現力等の学習プロセス】

	キーワード	思考力，判断力，表現力等のポイント
聞くこと	情報 概要 要点	①情報を聞き取る。 ②概要を捉える。 ③要点を捉える。
読むこと	情報 概要 要点	①情報を読み取る。 ②概要を捉える。 ③要点を捉える。
話すこと （やり取り） （発表）	考える 判断する 表現する	①内容を考える。 ②既習事項の中から，適切に語彙や表現を選択する。 ③声に出して，適切に表現する。
書くこと	考える 判断する 表現する	①内容を考える。 ②既習事項の中から，適切に語彙や表現を選択する。 ③文字に表して，適切に表現する。

　何事もシンプルに考えることがよいと思いますので，受信型（聞く・読む）では，「情報」を取り出し，「概要」や「要点」を捉えることが，基本になります。

　また，発信型（話す・書く）では，内容を「考え」，どのような語彙や表現を使ったらよいか「判断し」，声に出したり，文字に表したりして「表現する」というのが基本の流れになります。

　なお，「思考力，判断力，表現力等」は，適切な「目的や場面，状況など」を意識して行われるものです。「目的や場面，状況など」を意識し，それを踏まえた上で，適切に表現したり，適切に理解したりすることがベースになるでしょう。

　授業における「思考力，判断力，表現力等」の指導ポイントについて，次からのChapterで，お伝えできればと思います。

Chapter 1

「思考力，判断力，表現力等」を
考える
8つのポイント

01 「思考力，判断力，表現力等」には なぜ「目的や場面，状況など」が必要なの？

「思考力，判断力，表現力等」には，「目的や場面，状況などが必要だ」とよく聞きます。『中学校学習指導要領（平成29年告示）解説 外国語編』に次のように書かれています。

> 本目標での「コミュニケーションを行う目的や場面，状況など」とは，コミュニケーションを行うことによって達成しようとする目的や，話し手や聞き手を含む発話の場面，コミュニケーションを行う相手との関係性やコミュニケーションを行う際の環境のことを指す。こうした「目的や場面，状況など」は，外国語を適切に使用するために必要不可欠である。(中略) このように，「目的や場面，状況など」に応じた言語の運用を考えることで，「思考力，判断力，表現力等」が育成される。(p.14)
>
> （下線・強調は筆者）

「目的や場面，状況など」に応じた言語の運用を考えることで，「思考力，判断力，表現力等」が育成されると言います。しかし，ここは，やや短絡的であり，なぜ「思考力，判断力，表現力等」が育成されるのかを考えたいです。

例えば，「新しいALTが中学校にやって来ます。私たちが住んでいる町について紹介しましょう」と，場面・状況を示すと，そこに「新しいALTに住んでいる町について伝える」という目的が生まれます。同時に，相手意識も生まれます。「目的や場面，状況など」の設定理由として一番大切なのは，相手意識だと考えます。相手を誰にするか，です。相手が変わると，伝える内容も変わります。先生に伝えるのと，新しいALTに伝えるのとでは，自ずと伝える内容が変わります。また，表現方法も変わるでしょう。そこに「思考力，判断力，表現力等」が働くと考えるのです。

また，一方的に伝えるのではなく，相手のことを知った上で，相手が欲する情報を伝えるということも，相手意識があれば必然的に行われるはずです。一方的に，We have …. It is …. You can enjoy …. と伝えるのではなく，Do you know …? Have you been to …? と確認することも，「思考力，判断力，表現力等」になります。そして，もし既に行った所であれば，How did you like it? What did you do there? Did you enjoy …? などと，その話題で会話を展開したり，How about …? のように，違う場所を説明したりできるでしょう。

その場に応じて臨機応変に考えられるのが「思考力，判断力，表現力等」だと考えるのです。

ここがポイント！

「目的や場面，状況など」を意識すると「相手意識」が生まれる！

02 「思考力，判断力，表現力等」の育成の目的は何？

　私はよく，英語教育の講演やワークショップの中で，ペアを作り，片方は目を閉じ，片方はスライドに描かれているものを英語で説明する活動を行います。

　ある時，次のように伝えた人がいました。何を伝えようとしたのか考えてみてください。This is a famous temple in Kyoto. It was built by Ashikaga Yoshimitsu. Many tourists visit it every year. お分かりかと思います。実はここにも，自然と相手意識が働いています。ペアの相手は日本人の先生です。金閣寺は足利義満が建てたことは知っていると思うからこそ，その情報を選んだのです。徳島県でも，同じような場面がありました。私は意図して課題を提示しました。すると意図通り伝えてくれた先生がいました。It's a vegetable. It's famous in Naruto. 分かりますでしょうか。伝えている相手は徳島の先生であるので「鳴門で有名な野菜」と言えば伝わると思ったのです。このように，やり取りには，知らず知らずのうちに，相手意識が働いています。つまり，教室が既に，場面・状況になっているのです。

　でも，もし伝える相手が外国人だったらどうでしょうか。足利義満は使えず，他の伝え方をするでしょう。実はそこに，「思考力，判断力，表現力等」の育成のねらいがあると考えるのです。中央教育審議会答申に，「未知の状況にも対応できる『思考力・判断力・表現力等』の育成のため」とあります（文部科学省，2017，p.13）。つまり，「未知の状況にも対応できる力」を育てることが「思考力，判断力，表現力等」のねらいと言えます。

　私は以前，嘘っこの場面設定より，リアルな教室場面の言語活動の方が大事だと思っていました。しかし，今となっては，文部科学省のねらいを知り，「場面や状況」の中で，どのような内容を，どのような語彙や表現で，どのように伝えたらよいかを実践的に考え，練習する場であれば，これもありなのではないかと考えるようになりました。

〔参考文献〕文部科学省（2017）.『中学校学習指導要領（平成29年告示）解説　外国語編』

> **ここがポイント！**
> 「未知の状況にも対応できる力」を養おう！

いつもの友だちとの会話

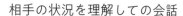
相手の状況を理解しての会話

03 「思考力，判断力，表現力等」の重要なポイントは？

「知識及び技能」と「思考力，判断力，表現力等」の境界線は，「正確さ」と「適切さ」と言われています。では，多少の誤りがあっても，伝わりさえすれば，よいのでしょうか。

『中学校学習指導要領（平成29年告示）』で見過ごしたくない文に，次があります。

2　内　容
（3）　言語活動及び言語の働きに関する事項
①　言語活動に関する事項
　<u>(2)に示す事項については，(1)に示す事項を活用して</u>，例えば，次のような言語活動を通して指導する。

（下線・強調は筆者）

---

(2)は，「思考力，判断力，表現力等」を指し，(1)は，「知識及び技能」を指します。つまり，「思考力，判断力，表現力等」は，「知識及び技能」を活用して行うということです。単に伝わればよいということではないことが分かります。学習してきた「知識及び技能」の活用を試みていなければ，それは「思考力，判断力，表現力等」とは言えないのです。

「令和5年度全国学力・学習状況調査」の調査問題では，If robot work a lot, people will lose job. のように，冠詞，三人称単数のsや複数形の誤りなどは，コミュニケーションに支障を来すような誤りでないことから，「思考・判断・表現」の評価では正答となります。しかし，We school have a sports festival. や，Because we can a lot of friends talking. We can run fast is sports festival. 等の語順や文構造の誤りは不正解となっています。「話すこと」の問題では，Animal cookies not expensive. も誤りとされます。ここから分かることは，単に単語を並べて，「通じればよい」のではなく，主語＋動詞＋（目的語／補語）等，習った「知識及び技能」を活用して表現することが求められているということです。

ここがポイント！

「思考力，判断力，表現力等」は「知識及び技能」を活用して行われる！

×　　　　　　　　　　　　　　　　　○
Tomorrow, zoo. We go.　　➡　　Why don't we go to the zoo tomorrow?
単語を並べる　　　　　　　　　　　　学習した「知識及び技能」を用いて行う

04 「思考力，判断力，表現力等」の目標や評価規準の作成ポイントは？

さて，「思考力，判断力，表現力等」って，どんな"力"なのでしょうか。下記は，よく見かける目標と評価規準です。

目標	評価規準
日常的な話題や社会的な話題に関して，聞いたり，読んだりしたことについて事実や自分の考え，気持ちなどを，簡単な語句や文を用いて伝え合うことができる。	コミュニケーションを行う目的や場面，状況などに応じて，日常的な話題や社会的な話題に関して聞いたり読んだりしたことについて，事実や自分の考え，気持ちなどを，簡単な語句や文を用いて伝え合っている。

『「指導と評価の一体化」のための学習評価に関する参考資料　中学校　外国語』p.47

しかし，これでは，どんな力を付けようとしているのかが見えてきません。次はどうでしょうか。

目標	評価規準
友達の意見等を踏まえた自分の考えや感想をまとめるために，野菜の歴史について書かれた英文を読み，読んだことを基に考えたことや感じたことを，<u>英文を引用したり内容に言及したりしながら</u>伝え合うことができる。	友達の意見等を踏まえた自分の考えや感想をまとめるために，社会的な話題（野菜の歴史）に関して読んだことについて，考えたことや感じたことなどを，<u>英文を引用するなどして</u>伝え合っている。

『「指導と評価の一体化」のための学習評価に関する参考資料　中学校　外国語』p.48（下線・強調は筆者）

これらは，「どのように伝え合うようにすればよいのか」が書かれています。この「どのように」の部分が，「思考力，判断力，表現力等」で身に付けたい力だと思うのです。ですから，目標や評価規準には，単に「伝え合うことができる」でなく，どのように伝え合うのかを書くようにすると，指導すべき方向性が見えてくるのでは，と考えます。

> **ここがポイント！**
>
> 「思考力，判断力，表現力等」では，どんな力の育成を目指すのかを示そう！

〜を用いて伝え合うことができる。	➡ 英文を引用したり内容に言及したりしながら伝え合うことができる。

Chapter 1 「思考力，判断力，表現力等」を考える8つのポイント　021

05 「思考力，判断力，表現力等」は，どう指導したらいいの？

「思考力，判断力，表現力等」では，「知識及び技能」を活用して，理解したり，伝え合ったりすることは，分かりました。そこで，もし，「目的や場面，状況など」に応じた言語活動に取り組ませた際，教師が意図していないような発言をしたら，どうするでしょうか。

中学3年の4月，Aさんの質問に対して，Bさんは次のように返答したとします。

　　A：I want to buy a gift for my host brother. He is only 4 years old.

　　　　Which one should I buy for him, a picture book, animal cookies or a T-shirt?

　　B：I think animal cookies. （「令和5年度全国学力・学習状況調査」の調査問題を一部改変）

これを，そのままにしてよいでしょうか。

一応，Aさんの質問に，Bさんは，考えを伝えています。しかし，「思考・判断・表現」の評価として，中学3年の4月の段階で，これを良しとしますでしょうか。

何事も，目標や評価規準が大事になっていきます。

ただ単に，目標が「ギフトショップで，何をお土産に買うか迷っている友だちに，お勧めのお土産について簡単な語句や文を用いて伝えることができる」であれば，Bさんの考えは伝えていますね。でも，何か物足りない気がしませんか。

前ページでも取り上げましたが，どんな「思考力，判断力，表現力等」なのかを示すことが大事です。

次の目標ならどうでしょうか。「ギフトショップで，何をお土産に買うか迷っている友だちに，お勧めのお土産について簡単な語句や文を用いて適切に伝えることができる」とします。先の対話では，適切に伝えられているでしょうか。

しかし，そもそも「適切に」とは，どういう状況を指すのでしょう。

「適切に」のところを「考えや理由を」のように具体的に示したらどうでしょうか。「ギフトショップで，何をお土産に買うか迷っている友だちに，お勧めのお土産について簡単な語句や文を用いて考えや理由を伝えることができる」となります。

つまり，「このような姿になってもらいたい」という具体的な姿を教師は思い浮かべる必要がありますし，もしそのような姿に達していなければ，「自分の考えだけ言うのでいいかな？」「理由も言うと，相手に伝わりやすいよね」と，指導介入するのが大事であると考えます。

> **ここがポイント！**
>
> 「思考力，判断力，表現力等」の具体的な姿を描き，指導する！

06 「思考力，判断力，表現力等」の言語活動で，期待した表現が使われない時には？

　「思考力，判断力，表現力等」を目標にした授業では，よく，「表現や文法を指定してはいけない」と聞きます。これは，ある意味，正しい考えです。なぜなら，元々，「思考力，判断力，表現力等」は，既習事項の中から，どのような語彙や表現を選ぶのかが大切だからです。教師が教えてしまっては，語彙や表現，使用する文法を選択することの機会を，生徒から奪ってしまうことになります。

　次は，実際にあったことです。小学校の授業で，「さらに友だちと仲良くなれるよう，自分のことを紹介しよう」をテーマに，言語活動が行われました。言語活動を繰り返し，中間指導を重ねながら，授業は展開していきます。しかし児童は，Hello, my name is Hiro. I like games. This is my favorite game. I like it. Do you play games? のように，やり取りするばかりで，単元で学習した can は一切出てきませんでした。「思考力，判断力，表現力等」の考え方からすると，児童は既習事項を用いてやり取りをしているので，伝え合うことができています。

　しかし，これでよいのかどうかと考えてしまいます。

　案の定，私を含め参観者は，単元で学習した can が1つも児童から出てこなかったことに違和感を覚えていました。実は，授業者も同様に感じていました。授業後の協議会では，そのことが話題になりました。授業者が放った言葉の中に，「今日の授業は，思考力，判断力，表現力等が目標であったので，こちらから使ってもらいたい表現は出さないようにしていました」とありました。その考え方は正しいですが，どうして児童から can を使った表現が出てこなかったのかを考えると，can が「知識及び技能」として身に付いていなかったことが考えられます。そうだとしたら，たとえ目標が「思考力，判断力，表現力等」であっても，一旦，「知識及び技能」にフォーカスし，「そういえば，この単元で学習していることは何だったっけ？」（児童：can!）「そうだよね。みんな今，can を使ってやっていた人，何人いる？」と，「知識及び技能」を確認したらどうかと，私は発言しました。そうでないと，この単元でやるべき意味がありません。「思考力，判断力，表現力等」としての他の目的があれば別ですが，その単元で仕組む言語活動ですので，その単元で学習した事項を活用して，「思考・判断・表現」させたいと考えます。

　もちろん「知識及び技能」は身に付くまでに時間を要します。しかし，「ここでは，can を使って表現できるね」と教えるのも，教育であると考えます。

> **ここがポイント！**
>
> 「思考力，判断力，表現力等」と「知識及び技能」は，行ったり来たり！

07 「思考力，判断力，表現力等」では，何を頼りに指導したらいいの？

「思考力，判断力，表現力等」って，何を指導したらよいのか分からず，悩みを抱えてしまう先生もいるのではないでしょうか。私はそうでした。一体，何を指導することが，「思考力，判断力，表現力等」を高める授業なのか，不明確で，モヤモヤ感がありました。

とりあえず，「思考力，判断力，表現力等」には，「目的や場面，状況など」が必要ということから，「目的や場面，状況など」を設定したり，意識させたりします。そして生徒は，その場面や状況に応じ，表現したり，文章を読み取ったりします。でも，それを繰り返すことで，生徒に「思考力，判断力，表現力等」が身に付くのでしょうか。

私は「思考力，判断力，表現力等」を考えていく中で，何か指導事項があるのではないか，と思い始めました。つまり，何を指導すれば，生徒の「思考力，判断力，表現力等」の育成につながるのか，を考え始めました。ここが，本書を提案する理由でもあります。

では，指導事項とは何か？　生徒と話すと次のような対話になりがちです。

T：What did you do last weekend?　　　　S1：I went shopping.

T：.... Where did you go?　　　　S1：I went to AEON.

T：Oh, AEON. ...（沈黙）What did you buy?　　　　S1：I bought a shirt.

T：Good!

このような一問一答になりがちです。これでは意味がないと思います。対話ですから，もっと生徒が自ら英語を発してもらいたいと思います。

そこで，苦肉の策で，次のように言うこともあります。

T：What did you do last weekend?　　　　S1：I went shopping.

T：....（次の発言を待つ）　　　　S1：....（黙っている）

T：Tell me more.

つまり，情報が少ないのです。ここから，「くわしく」という指導事項が生まれました。

「くわしく」伝えることは，相手意識の現れです。相手に疑問を抱かせないように，情報を付け足し，くわしく伝えることは，よりよいコミュニケーションの取り方と考えます。

そういったことを，指導事項として取り出し，1つ1つ教えていくことが，「思考力，判断力，表現力等」を身に付けた生徒に育っていくのだと考えるようになったのです。

ここがポイント！

「思考力，判断力，表現力等」の育成につながる指導事項を見つけよう！

08 どんな指導事項があるの？

　では，「思考力，判断力，表現力等」の育成につながる指導事項をあげてみましょう。どのような視点で，「思考力，判断力，表現力等」の言語活動に取り組めばよいかを考えた結果，次のようなキーワードが抽出されました。

【指導事項（例）】

言語使用の様子	キーワード	効果
伝えようとすることを，くわしく伝える。 話 書	くわしく	知りたい情報が聞き手・読み手に伝わる。
内容を整理して伝える。 話	内容を整理して	思いつきで伝えるのではなく，聞き手に分かりやすい。
事実と考えを区別して読む。 読	事実と考え	「考え」の中に，書き手の意図があり，そこに注目させる。
構成を考えて，書くことができる。 書	構成を考えて	書き手の主張が，読み手に伝わりやすくなる。
必要な情報を取り出す。 聞 読	情報	話の内容を理解する。
大まかな内容（概要）を捉える。 聞 読	概要	伝えたいことを適切に理解する。
話し手・書き手の要点を捉える。 聞 読	要点	話し手・書き手の主張を理解する。
話し手の理解を確認しながら，聞く。 聞	理解を確認	理解を確認しながら話を聞くことで，話し手にも聞いていることが伝わる。
話し手の発言を繰り返しながら，話を聞く。聞	繰り返す	聞き手が話し手の発言を繰り返すことで，理解していることが話し手に伝わる。
考えと理由を伝える。 話 書	考えや理由	理由も伝えることで，話し手・書き手の意図を聞き手・読み手が理解できる。
話し手の発話を確認しながら，やり取りする。 聞 話	確認する	確認することで，話を正しく理解することができる。
相手の発言を引用し，質問をする。 話	引用する	質問内容が明確になる。

Chapter 1 「思考力，判断力，表現力等」を考える8つのポイント　025

まとめ

　Chapter 1では，「思考力，判断力，表現力等」の指導ポイントを8つ示しました。

　1つ目は，「思考力，判断力，表現力等」の言語活動に必要な「目的や場面，状況など」を確認しました。言語は，用いられる環境によって，表現方法は変わってきます。ある限定された中で，どのような語彙や表現，文法事項を用いたらよいかを考えることから，「思考力，判断力，表現力等」は始まります。

　2つ目は，「思考力，判断力，表現力等」を育成する目的です。これについては，中央教育審議会答申にある「未知の状況にも対応できる力」が答えになります。生徒が学校を卒業し，世の中に出た時に，予測できない状況の中でも，自ら考え，判断し，表現することのできる力を養うことがそのねらいと言えます。

　3つ目は，「思考力，判断力，表現力等」の評価ポイントです。ただ通じればよい，というのではなく，学習した「知識及び技能」を活用して，「思考力，判断力，表現力等」を試みているかどうかが，大事だということです。

　4つ目は，目標や評価規準に，どのような力を求めているのかを書くとよいということを示しました。そこが，「思考力，判断力，表現力等」の"力"であると考えます。

　5つ目は，実際の授業場面において，「適切に伝え合うこと」の「適切に」は，どのようにすると「適切に」になるのかを考え，それを生徒に指導していくことで，「思考力，判断力，表現力等」の育成につながると考え，提案しました。

　6つ目は，言語活動の中で，単元で学習した表現や文法が使われず，それ以前までの学習の範囲で伝え合っていたら，何のために単元で新しい表現や文法を学習したのか意味がなくなる事例を紹介しました。もちろん「知識及び技能」は定着するまでに時間がかかります。元々，「知識及び技能」も言語活動を通して指導することですので，「思考力，判断力，表現力等」の育成を目指した授業でも，既習の「知識及び技能」に戻り，「思考力，判断力，表現力等」と「知識及び技能」を行ったり来たりさせながら一体的に指導する際の視点を提示しました。

　7つ目は，指導事項です。何を指導すれば，生徒の「思考力，判断力，表現力等」の育成につながるのか，指導事項を提案しています。つまり，「どのように伝えるか」の「どのように」が大切であると考えます。

　8つ目は，「思考力，判断力，表現力等」の育成につながる指導事項をいくつか紹介しました。もちろん，他にも指導事項はありますが，「言語」面のこともあれば，「内容」面のこともあるかと思います。また，指導事項は，単元内で，ずっと指導し続けるとよいです。例えば，「この単元では，『くわしく伝える』が，目標だったよね。くわしく伝えていますか?」と，いつでも単元内で指導事項に戻って，指導します。すると「思考力，判断力，表現力等」が"力"として身に付くと思います。

Chapter 2

18の指導事項でみる「思考力,判断力,表現力」

話す　書く

01
//////////

くわしく伝える

　指導事項の1つ目は,「くわしく伝える」です。今,私は大学で教えていますが,学生に,What did you do during the long holiday? と聞くと,I went to Osaka. と言って黙ってしまうことがあります。そこで,What did you do in Osaka? と追加質問すると,I ate *Okonomi-yaki* と返ってきます。モヤモヤ感がある私は,Did you stay in Osaka? と聞くと,Yes. と返ってきます。How many days did you stay? と聞くと,One. と返ってきます。岐阜から大阪でも色々含め2〜3時間くらいかかりますので,日帰りで行ったのか,泊まりで行ったのか知りたかったのです。また,1人で行ったのかどうか知りたくて,Who did you go with? と尋ねると,With my friend. と言います。気づいたら,教師と学生の一問一答になっていました。私自身,学生のことをよく知りたくて,大阪でのことについて,聞きたいことがたくさん出てきます。

　そこで「くわしく伝える」という指導事項が出てきたのです。聞き手がさらに聞きたくなるような発話は,相手意識に欠けると思うのです。「相手が聞きたくなるだろうなと思う内容」を先取りして会話に含めるようにして話すことは,「思考力,判断力,表現力等」の現れだと思うのです。もちろん,すべて語らずに,意図的に情報を減らし,相手に興味を抱いてもらうような話し方もあります。それは,さらに高度な「思考力,判断力,表現力等」であり,まずは,「くわしく」伝える習慣をもたせたいです。

　「くわしく」伝えさせるためには,**単元の目標に位置付ける**とよいです。例えば,次のように板書に示し,その単元内は,ずっと,その目標で進めます。

単元目標「身近な人について,くわしく伝えることができる」

　「くわしく」伝えようとしていない生徒には,Please tell me more. と言って,言わせるようにしたり,「ほら,この単元の目標は,『くわしく伝えよう』だね」「もう少し,くわしく伝えてみようか」と,方向性を示したりします。そして,くわしく伝えようとすることで,相手意識が芽生え,語彙や表現,使用文法を選択し,伝えようとします。

| 話す | 書く |

02 内容を整理して伝える

　「**内容を整理して伝える**」ことも，大事な「思考力，判断力，表現力等」の力となります。思いついたことをただ伝えようとするのではなく，相手意識をもって，相手に伝わりやすいように考えて表現することは大事です。「内容を整理」とは，『中学校学習指導要領（平成29年告示）』にもある文言となります。

２　内　容
〔思考力，判断力，表現力等〕
(2)ウ　日常的な話題や社会的な話題について，**伝える内容を整理し**，英語で話したり書いたりして互いに事実や自分の考え，気持ちなどを伝え合うこと。

（下線・強調は筆者）

　では，内容を整理するためには，どのようにしたらよいでしょうか。よく行われる方法ですが，メモを線で結んでいきながら，思いついたものを描いていくマッピングの方法があります。試しに，My Town というテーマで「秩父」を描いてみると，下のようになりました。もちろん，他にも付け足すことはありますが，このように整理してみると，「秩父」で誇れるものには，「祭り」「温泉」「自然」「食べ物」「有名人」と大きく分けて５つがあげられました。**マッピングを通じ，階層的に，伝える内容が整理されていき**

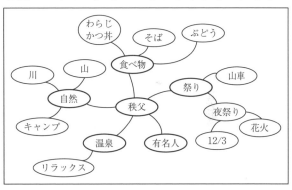

ます。そして，できあがったマッピングを見ながら，何を伝えようか考えていきます。相手が同級生なら，おおよそ秩父については知っていますので，同級生があまり知らない情報を選び，伝えることになります。
　例えば，「夜祭り」があることは知っているけれど，その由来や，日本三大曳山祭りに認定されていること，山車のルート，年間何十万人が来るのか等が考えられます。また，相手が外国人であれば，日本文化を伝える意味で，神社やお寺，祭り，温泉，また，秩父名産の食べ物を紹介することも考えられるでしょう。
　このように，相手を意識し，伝える内容を整理することは，**コミュニケーションの見通しを立てる**ということになります。

聞く 読む 話す 書く

03 「構成」を考えて聞く／読む／伝える

　内容が整理されたら，次に，「**構成**」を考えます。たいていは，次のように，3段階で考えるようにするとよいでしょう。

1　Topic sentence（話題の提示）

　最初に，話題の提示を行います。いわゆる Topic sentence です。There are many good things in my town. と言ってもよいのですが，やや唐突過ぎますので，Have you ever been to Chichibu? と相手に尋ねたり，Do you know my town, Chichibu? や How much do you know about my town?, What do you know about my town, Chichibu? などと尋ねたりしながら，There are many good things in my town. につなげ，Topic sentence を提示します。

　その後，前ページでマッピングしたように，5つの良さを伝えるのであれば，In my town, we have nature, hot springs, festivals, famous persons, food, and the others. と伝えます。もし，その中のどれか1つを伝えようとするならば，Chichibu has many good things, but today I'm going to tell you about food in Chichibu. と食べ物だけに絞ることもできます。要は，伝える相手が誰かによります。

2　Supporting sentences（支持文）

　Topic sentence を提示したら，それを支える根拠や具体例，体験等を示します。例えば，住み心地の良さで言えば，We have mountains and rivers. It's quiet and peaceful here. The water is fresh and delicious, and at night, we can see beautiful stars. などと自然環境の良さをあげたり，People are honest and friendly. と，地元民のことを伝えたりすることもできます。観光名所や行事等をあげながら，秩父の魅力を伝えることもできます。食べ物では，「わらじかつ丼」や「味噌ポテト」「そば」等，秩父の特産物とその美味しさを伝えることができます。このように，Topic sentence を支える根拠を，具体例などをもってきて，Support します。

3　Concluding sentence（結論文）

　最後に，結論を述べます。Chichibu is a two-hour train ride from Tokyo. You can enjoy hot springs, delicious local food, and see many historical buildings, also, you can enjoy a river boat! Chichibu is a nice place to spend time. Please visit Chichibu. You can enjoy many things. というような形で，最終的には，「秩父は良い所がたくさんあるので，遊びに来てね」というメッセージで締めくくります。

聞く　読む　話す　書く

04 「事実」と「考え」を区別する

　全国学力・学習状況調査（令和５年実施）の大問５（２）では，次の問題が出されました。

　「事実」と「考え」を区別して読む問題です。この問題を見てから，「事実と考えを区別することは大事だな」と思うようになりました。つまり，どこまでが「事実」で，どこからが話し手（書き手）の「考え」なのかを区別しながら読むことによって，**話し手**

> There is a mountain in our city.　It is 815 meters high.　I went
> ⎯⎯⎯⎯⎯⎯⎯⎯⎯⎯⎯⎯   ⎯⎯⎯⎯
> 1   2
> there this summer with my family.　I saw a lot of garbage.　I was
> ⎯⎯⎯⎯⎯⎯⎯⎯⎯⎯⎯⎯⎯⎯⎯⎯⎯⎯⎯
> surprised to see it.　We cleaned the place for about 30 minutes.
>   ⎯⎯⎯⎯⎯⎯⎯⎯⎯⎯⎯⎯⎯⎯⎯⎯⎯⎯⎯⎯⎯⎯⎯⎯⎯⎯⎯⎯⎯⎯
>   3
> Everyone should bring their garbage back home.
> ⎯⎯⎯⎯⎯⎯⎯⎯⎯⎯⎯⎯⎯⎯⎯⎯⎯⎯⎯⎯⎯⎯⎯⎯⎯⎯⎯⎯
> 4

令和５年度全国学力・学習状況調査　中学校英語　大問５（２）

（書き手）の意向や思いがどこに表れているか判断することになります。読むことで，「事実」と「考え」を分けて読めるようにしておくことは，実は，その逆の発信者になった時も，伝え方に変化が生まれます。

　例えば，修学旅行の作文で，次のように書いたとします。We went on a school trip to Kyoto and Nara.　In Kyoto, we saw many temples like Kinkaku-ji.　I took many pictures.　In Nara, we fed deer in Nara Park.　読み返してみると，ここまではすべて「事実」です。「事実」ばかりが続いた時，「そうだ。自分の考えも入れなくては」と気づき，「事実」にプラスし，自分の考えや気持ちを入れていきます。It was a fun and memorable experience for me.　や，The trip was both educational and fun, and spending time with friends made it more special. 等と，締めくくれば，書き手の思いや気持ちが伝わります。

　教科書本文を扱う際も，「事実」と「考え」の文を見分けながら，読解させていきます。

教科書の本文（例）

　　　Last week, we had Sports Day at our school.　I joined the relay race and tug-of-war. **It was very exciting!** Everyone cheered loudly, and **I felt so happy**.　My team didn't win, but we worked hard together.　Parents and teachers also watched and supported us. **The best part was spending time with my friends**. **Sports Day taught me about teamwork and made unforgettable memories**.

　下線・強調の部分に，書き手の「考え」が見られます。教科書の本文を使って，「事実と考え」を区別して読ませることに慣れさせ，事実と考えの文を見分けさせていきます。

Chapter 2　18の指導事項でみる「思考力，判断力，表現力」　031

話す　書く

05
////////

「考え」や「気持ち」を伝える

　前ページで「『事実』と『考え』」を取り上げました。今回は，「**考え**」や「**気持ち**」に注目してみましょう。「考え」や「気持ち」は，『中学校学習指導要領（平成29年告示）解説　外国語編』において，言語活動を説明する際に，「『実際に英語を使用して互いの考えや気持ちを伝え合うなど』の活動を基本とする（p.85）」で用いられています。ここでは，厳密に，「考え」や「気持ち」でなく，「事実」や「思い」を伝えたりすることも，言語活動であると考えます。

　さて，「01　くわしく伝える」（本書 p.28）の学生との対話をふり返ってみましょう。

T：What did you do during the long holiday?	S：I went to Osaka.
T：What did you do in Osaka?	S：I ate *Okonomi-yaki*.
T：Did you stay in Osaka?	S：Yes.
T：How many days did you stay?	S：One.
T：Who did you go with?	S：With my friend.

　一問一答になっていることは，本書28ページで述べましたが，それ以外で気づくことはありますでしょうか。考えてみると，私の質問は，すべて事実を尋ねているのです。学生の「考え」や「気持ち」を引き出す質問をしていません。では，どのような質問なら，生徒の「考え」や「気持ち」を引き出すことができるのでしょうか。

　1つ目は，「Why- 質問」です。Why did you go to Osaka? と質問すれば，I wanted to eat *Okonomi-yaki*. と，考えを引き出すことができます。2つ目は，そのものずばり，What do you think of going to Osaka? と尋ねます。It is exciting to go to Osaka. と「気持ちを引き出す質問」です。3つ目は，What is interesting for you to go to Osaka? や，Is it good to eat fast food?，What is important to protect the Earth? や，Is it hard for you to ...? のように，「価値付ける形容詞を用いた質問」をします。すると，People's energy is interesting. I can have an active feeling in Osaka. や，I think we should not eat much fast food because it is sometimes oily and high in calories. と，生徒の考えや気持ちを引き出すことができます。4つ目は，How do you like Osaka?--- It is fun. と，「How do you like- 質問」です。5つ目は，Which team do you want to play against? や，What do you do to be healthy?，What do we have to do to protect our Earth?，What are you doing to win the next match?，What is your goal now? など，「考えそのものを引き出す質問」です。

　生徒から考えや気持ちを引き出す質問にも注目したいです。

032

聞く 読む 話す 書く

06 「情報」を聞き取る／読み取る／伝える

　次なる指導事項は，「**情報**」です。どのような「情報」かというと，自分の置かれた立場から考え，「必要な情報」ということになります。これは，主に「聞く」時や，「読む」時の指導事項になります。『中学校学習指導要領（平成29年告示）』では，次のように目標の中に位置付けられています。

（1）　聞くこと
　ア　はっきりと話されれば，日常的な話題について，**必要な情報を聞き取る**ことができるようにする。
（2）　読むこと
　ア　日常的な話題について，簡単な語句や文で書かれたものから**必要な情報を読み取る**ことができるようにする。

（下線・強調は筆者）

　つまり，「聞くこと」や「読むこと」で，最初に行うことは，「情報の取り出し」です。授業では，教師が発問し，その発問に答えさせることで「情報の取り出し」を可能にします。
　例えば，次のような文章であれば，右のような発問に答えられれば，情報の読み取りはできていると言えるでしょう。

Hello! My name is Jim. I am from Australia. I like sports. I especially like soccer. I love traveling and meeting new people. This is my first time in Japan, so I am excited. I want to learn about your culture. Please talk to me and share your culture with me. Thank you.

【発問】
Q1　転入生の名前は？
Q2　出身地は？
Q3　好きなことは何？
Q4　なぜワクワクしているのか？
Q5　何を学びたいと言っているか？

　このように，中学1年の時から教科書の本文を用いて「情報を正確に聞き取る／読み取る／伝える」ことを行います。また，「聞いてメモを取りなさい」としても，必要な情報をメモするようになり，情報の取り出しをさせることができます。そして取り出した情報をペアで伝え合わせます。
　通常，「思考力，判断力，表現力等」では，「適切さ」がキーワードとして考えられますが，「情報を『正確に』聞き取る／読み取る／伝える」ということも，「思考力，判断力，表現力等」の力になります。

Chapter 2　18の指導事項でみる「思考力，判断力，表現力」　033

聞く　読む　話す　書く

07 「概要」を捉える／伝える

「情報」とくれば，次は「**概要**」になります。これも，『中学校学習指導要領（平成29年告示）』で，次のように目標の中に位置付けられています。

---

(1) 聞くこと
　イ　はっきりと話されれば，日常的な話題について，**話の概要を捉える**ことができるようにする。
(2) 読むこと
　イ　日常的な話題について，簡単な語句や文で書かれた**短い文章の概要を捉える**ことができるようにする。

（下線・強調は筆者）

　概要とは，「大まかな内容」です（文部科学省，2017, p.19, p.21）。単に英語を日本語に訳すだけでなく，全体を通じ，どのような内容であったのかを捉えさせ，考えて聞く，考えて読むことが，大きなポイントになります。

　実際，全国学力・学習状況調査（令和5年実施）の大問7（2）で，概要として最も適切なものを読んで選ぶ問題が出ました。『令和5年度全国学力・学習状況調査　報告書　中学校英語【速報版】』（文部科学省，2023）では，「本問においては，概要としてまとめた英文について，各段落の主な内容が過不足なく含まれているか，情報に偏りがないか，一部の情報だけが詳細に述べられているなどバランスを欠いて

(2) しおりさんが書いた英文の概要（文章全体の大まかな内容）として最も適切なものを，下の**1**から**4**までの中から1つ選びなさい。

1　The library in the town is more creative than before. We can do a lot of things there. There are many kinds of spaces, too. The library can connect people.

2　There are many kinds of spaces in the library. People can relax and read books anywhere. The library can connect people. We can ask the library staff questions.

3　The library in the town is more creative than before. There are many kinds of spaces. In small rooms, people can study or work very hard. The library can connect people.

4　The library in the town can connect people. We can ask the library staff questions. Parents can become friends with each other while the kids are reading together.

令和5年度全国学力・学習状況調査　中学校英語　大問7（2）

いないかといった視点で確認することが大切である（p.45）」と解説しています。

　また，『令和5年度全国学力・学習状況調査　解説資料　中学校英語』（文部科学省，2023）でも，「概要を構成する上で主となる情報を過不足なく含んでいる英文（p.32）」が概要文としてふさわしいとしています。「概要」を捉えた後は，それを伝えることを行うと，「思考力，判断力，表現力等」の「表現」の部分になります。

〔参考文献〕文部科学省（2017）.『中学校学習指導要領（平成29年告示）解説　外国語編』

聞く　読む　話す　書く

08　「要点」を捉える／伝える

　「思考力，判断力，表現力等」では，「情報・概要・要点」の3つが大切なキーワードです。「**要点**」については，『中学校学習指導要領（平成29年告示）』で，次のように目標の中で示されています。

---

(1)　聞くこと
　ウ　はっきりと話されれば，社会的な話題について，<u>**短い説明の要点を捉える**</u>ことができるようにする。
(2)　読むこと
　ウ　社会的な話題について，簡単な語句や文で書かれた<u>**短い文章の要点を捉える**</u>ことができるようにする。
　　　　　　　　　　　　　　　　　　　　　　　　　　　　　　　　（下線・強調は筆者）

　『中学校学習指導要領（平成29年告示）解説　外国語編』では，「要点を捉える」とは，「話し手が伝えようとする最も重要なことは何であるかを判断して捉えること（p.19）」とあります。また「聞くこと」では，「一つの話題に沿って話される首尾一貫した内容を最初から最後まで聞き，話し手が最も伝えたいことは何であるかを判断して捉える（p.19）」とし，「読むこと」では，「説明文などのまとまりのある文章を最初から最後まで読み，含まれている複数の情報の中から，書き手が最も伝えたいことは何であるかを判断して捉える（p.21）」と解説しています。そして捉えた要点をペア等で伝え合わせると「表現」になります。

　全国学力・学習状況調査（令和5年実施）の大問8では，文章を読み，選択肢の中から要点を選ぶ問題が出題されています。

　指導事項の「03　『構成』を考えて聞く／読む／伝える」（本書 p.30）でも扱いましたが，文章は，話題提示（冒頭の2文）→具体例→結論（最後の2文）と流れます。「要点」は，筆者の「考え」の中にあります。ですから，「事実と考えを区別して読む（指導事項04）」ということは，大切な「思考力，判断力，表現力等」と言えるのです。

Today we see many kinds of robots around us. They are helpful. When I went shopping, I saw a robot and it was working as a guide. I could talk to the robot in English or other languages. At some restaurants, robots bring our meals. They can carry many plates at one time. Thanks to them, the restaurant doesn't need a lot of staff members. We have robot pets, too. We can have them even if we are busy with work or we live in small apartments. People will have fun if they live with robot pets. As I explained, robots can change many people's lives for the better. Do you agree with me? Why or why not?

ロボットの
イラスト

令和5年度全国学力・学習状況調査
中学校英語　大問8

Chapter 2　18の指導事項でみる「思考力，判断力，表現力」　035

聞く　話す

09 「理解を確認」しながら，聞く／話す

　「『**理解を確認**』しながら」とは，『中学校学習指導要領（平成29年告示）解説　外国語編』に，次のように出ています。

> 「話すこと」や「聞くこと」の活動であれば，**相手の理解を確かめながら**話したり，相手が言ったことを共感的に受け止める言葉を返しながら聞いたりすることなどが考えられる。（p.15）
>
> （下線・強調は筆者）

　これは，外国語科の３つ目の目標（学びに向かう力，人間性等）を受けての解説ですが，「思考力，判断力，表現力等」でも同様に捉えます。

　「思考力，判断力，表現力等」は，目的や場面，状況などに応じて，相手を意識し，適切にコミュニケーションを図ることのできる技能です。「相手の理解を確かめながら」は，一方的に話すのではなく，相手の立場に立ち，コミュニケーションを交わしながら，理解してもらえるよう，対話を進めていくこととなります。そのようなことが技能として現れれば，「思考・判断・表現」として評価できますし，確かめようとする態度が見られれば，同時に「主体的に学習に取り組む態度」としても評価できます。

　では，授業ではどうしたらよいでしょうか。やはり，考えさせたいです。

　例えば，Small Talk や Activity で対話をしている内容を聞き，中間評価します。

　T：今，みんなの対話の中で，こんなやり取りをしている人がいました。写真を見せながら，**Do you know this man?** と相手が知っているかどうかを確認してから，説明を始めていました。いいですね。（板書）また，**What is his name?** と，名前を知っているかどうか尋ねていました。このように，相手の理解を確かめながら話すことは，ただ一方的に話すのとは違います。相手の理解を確かめる英語って，他に何があるかな？

　S1：Do you understand?

　T：そうだね。「分かる？」っていう感じで大事だね。**Are you with me?** も，相手が自分の話を理解し，ついてきているかを確認するために使われます。他には？

　S2：What do you know about ~?

　S3：Is it OK?

　S4：What do you think about ~?

　相手の理解を確認している様子を観察し，表現を増やしていくことも，生徒の「思考力，判断力，表現力等」につながるかと思います。

036

聞く　話す

10
////////
「繰り返し」て，理解を示したり，確認したりする

　聞く時には，情報を聞き取り，概要や要点を捉えることが大事です。話し手の立場からすると，前ページのように，話し手自らが聞き手の理解を確かめる場合もありますが，聞き手自らも，話し手の伝える内容の理解を示すことはできます。

　その1つが，相手の発言を「繰り返す」ことです。

　相手の発言を繰り返すことで，「あなたの話を理解していますよ」というメッセージになります。すると，相手が話についてきていることを必然的に理解でき，話し手は，話しやすくなります。相手意識があればこそ，このようなコミュニケーションの取り方となると言ってもよいでしょう。

　また，相手の発言を繰り返すことは，聞き手の自らの理解を確かめることにもなります。例えば，次のように「公園で」「放課後」「今日」という3つの情報が一気に流れたので，Today？と確認することによって，必要な情報を正確に理解することにつなげています。

　S1：Are we meeting at the park after school today?

　S2：Today?

　これも，「思考力，判断力，表現力等」の資質・能力ですし，「学びに向かう力，人間性等」の資質・能力として，「主体的に学習に取り組む態度」で一体的に評価することができます。

　「繰り返し」て，理解を示したり，確認したりすることは，そんなに難しいことではありません。中学1年の時から指導し，自然に活用されるようにしていきます。

　例えば，教科書の本文を利用し，「繰り返すこと」に慣れさせることもできます。本文を音読します。その後，音読練習の一環として，「相手の発言を繰り返しながら，役割音読してみよう」と指示します。繰り返しを入れながら音読させていきます。

教科書の本文（例）

A：What sport do you play in India?

B：We play cricket．It's very popular.
　　Do you know it?

A：Yes, but I just know the name.
　　I don't understand the rules.

B：It's a little like baseball.
　　What about you?
　　What's your favorite hobby?

【繰り返しを入れた音読（例）】

A：What sport do you play in India?

B：**Sport?** … We play cricket．It's very popular.
　　Do you know it?

A：**Cricket?**
　　Yes, but I just know the name.
　　I don't understand the rules.

B：Oh, **you don't understand the rules.**
　　It's a little like baseball．What about you?
　　What's your favorite hobby?

Chapter 2　18の指導事項でみる「思考力，判断力，表現力」　037

話す　書く

11 「考えと理由」はセットで伝える

//////////

　「『考えと理由』はセットで伝える」ことも、「思考力，判断力，表現力等」の技能として，育てていきたい指導事項になります。これも学生との対話です。秋になり，いい季節になったので，What's your favorite season? と聞いてみました。すると，I like winter. と返ってきます。そこで，Why do you like winter? と聞くと，少し考えてから，I like cold weather better than hot weather. と返ってきます。すると，私は，「ああ，暑いのは好きではないんだな」と理解することができました。指導事項の「01　くわしく伝える」（本書 p.28）にも通じますが，**考えには理由もセットで伝えることを習慣にできれば**と思います。

　さて，先ほどの話題の続きですが，出席を兼ね，10人ほど，順番に好きな季節を尋ねていきましたが，途中で，毎回 Why? や Tell me why. などと聞くのが面倒になってきたので，That's because ...? と誘導質問をしたり，私は黙ってみたりすることにしました。すると学生は気を利かせて，... because I like swimming in the river. と，理由を付けて言うようになりました。この時，私は，In the river? と，学生の発言を繰り返して確認しました。すると，Yes. と返ってきて，周りの学生からも，「え〜」と声が上がりました。川で泳いだことにある生徒って，どのくらいいるのでしょうか。ちなみに，Have you ever swum in the river? は，中学３年の現在完了形で使えそうな話題となります。

　伝える内容には，大きく分けて「事実」と「考え」がありますが，「考え」を伝えた時には，その「理由」を付け加えるようにしていきます。

　理由の言い方には，... because 〜と接続詞を使ってもよいですし，That's because ....や，It's because .... と理由を付け足すのでもよいでしょう。また，「03　『構成』を考えて聞く／読む／伝える」（本書 p.30）でも書いたように，Supporting sentences（支持文）で，その理由を説明していくのもよいでしょう。

　さらに，教科書の本文を使って，本文の一部を□□□□□にし，うまく生徒の「考えや理由」を伝えさせるようにします。太字波線の部分に，理由をもってこられるかと思います。

A：What sport do you play in □□□□？
B：We play □□□□□□□.
　　It's □□□□□□□□□.
　　Do you know it?
A：Yes, but □□□□□□□□□□.
　　□□□□□□□□□□□□.
B：It's a little like □□□□□□.
　　What about you?
　　What's your favorite hobby?

　生徒は「思考力，判断力，表現力等」を発揮し，「知識及び技能」を活用して，対話をするでしょう。

038

話す　書く

12 説明する

////////

　「思考力，判断力，表現力等」の目標では，その語尾に，「〜について伝え合うことができる」や，「思考・判断・表現」の評価では，「〜について伝え合っている」がよく用いられます。そこの語尾を「**説明することができる**」「**説明している**」に変えたらどうでしょうか。きっと，説明しようと，**生徒は考える**に違いありません。何を説明するかを考えて，それに合う英語表現を導き出し，音声や文字にして表現します。生徒の「思考力，判断力，表現力等」を働かせることができます。

　例えば，「金閣寺」を外国人に説明する場面を想定しましょう。外国人と言っても，旅行に来ている外国人とします。するとどのような説明をするでしょうか。これは生徒1人1人，説明の仕方は異なるかと思います。旅行に来ている外国人ですので，説明する目的を，「金閣寺の場所や見どころ，入場料，歴史等を簡単な英語で伝えること」となります。そのことで，金閣寺に興味をもち，見学したくなるような説明をします。そもそも金閣寺自体は，京都で最も人気のあるお寺の1つですので，最初から見学ルートに入れているかも知れませんが，私であれば，まず，金閣寺の概要や特徴を伝えた後，場所も大事ですので，京都駅からどのくらいの距離なのか，入場料や，金閣寺と合わせていける近くの名所を伝え，説明とします。

Kinkaku-ji is one of the most famous temples in Kyoto. Its real name is Rokuon-ji. It is covered with gold, so it is called Kinkaku-ji. *Kin* means gold. It was built by Ashikaga Yoshimitsu, the 3rd *shogun* in Muromachi era, about 700 years ago. Kinkaku-ji has three stories. The first floor is Shinden-zukuri, which is a style of Heian Period. The second floor is Buke-zukuri, which is a style of samurai houses. The third floor is Chinese Zen style. You can enjoy three different types of rooms. It is about 7 kms from Kyoto Station. You can go there by bus, taxi, and by train and bus. There is a pond just in front of the building. You can take good pictures of you! After visiting Kinkaku-ji, you can move to Ryoan-ji. It is famous for its beautiful garden.

Kinkaku-ji

金閣寺の画像

Kinkaku-ji is one of the most famous temples in Kyoto. Its real name is Rokuon-ji. It is covered with gold so it is called Kinkaku-ji. Kin means gold. It was built by Ashikaga Yoshimitsu, the 3rd shogun in Muromachi era, about 700 years ago. Kinkaku-ji has three stories. The first floor is Shinden-zukuri, which is a style of Heian Period. The second floor is Buke-zukuri, which is a style of samurai houses. The third floor is Chinese Zen style. You can enjoy three different types of rooms. It is about 7 kms from Kyoto Station. You can go there by bus, taxi, and by train and bus. There is a pond just in front of the building. You can take good pictures of you! After visiting Kinkaku-ji, you can move to Ryoan-ji. It is famous for its beautiful garden.

One of the Most Famous Temples in Kyoto

　優先順位を付け，必要な情報を入れながら，説明することを行います。作成した英文は，Canva等を用いて，ポスターに仕上げます。

話す｜書く

13 良さや魅力を伝える

　言語面だけでなく，内容面に視点を当て，「**良さや魅力を伝える**」としても，生徒の「思考力，判断力，表現力等」を働かせることができます。例えば，目標を「身近な人について伝え合うことができる」ではなく，「身近な人の**良さ**を伝え合うことができる」としてみるとどうでしょうか。また，「住んでいる町について紹介できる」ではなく，「住んでいる町の**魅力**について紹介できる」としてみたらどうでしょうか。「良さや魅力を伝える」ということで，身近な人の良さや，街の魅力について，**考える**はずです。そして，生徒は，他者に伝えるために，伝える内容を整理し，実際にそれを伝えるという学習を通じて，既習事項を用い，語彙や語句，表現を選択し，「思考力，判断力，表現力等」を高める活動となります。

　先日，中学校社会科の授業を参観する機会を得ました。社会科も従来の教師による伝達型の授業から，「知識及び技能」を活用した生徒の思考が働く授業展開が求められています。歴史の授業では，課題を「日本周辺の３か国で，関係を発展させるべき国はどこか」と投げかけ，生徒の考えを引き出していました。これは，単に一問一答では答えることのできない，**思考を必要とする課題**となります。日本が関係を強化させていくべき国を選ぶということで，３か国のそれぞれの国の良さを理解した上で，判断を下すことになります。長所や強みというところになるかと思います。世の中に出たら，このような判断する機会は日常的になります。その時その時で，判断に迫られ，それを決断していく場面は多々あります。未知の状況にも対応していくための「思考力，判断力，表現力等」の育成の意味がここにあるように思います。

　今の社会科も，従来の授業と比べて大きく変わってきているのだと感じました。

　さて，目標を「身近な人の良さを伝え合うことができる」とした場合，場面設定として，友だちが生徒会選挙に立候補した場面はどうでしょうか。応援演説で，友だちの良いところを伝えるという言語活動となります。また，「住んでいる町の魅力について紹介できる」では，実際に，住み心地の良い街について調査し，住み心地が良いとする評価項目などを利用し，自分の住んでいる町の魅力をアピールすることもできます。また，評価項目に当てはまらない場合は，それ以外で，街の魅力を伝えるということも考えられます。これは，個人でやるよりも，グループで行い，協働的な学習として課題解決にもっていきたいです。例えば，「あなたは，○○市役所の街づくり広報課に勤めています。広報課では，さらに市の魅力を知ってもらえるよう広報活動を行うことになりました。広報課一体となって，市の良さについて伝えるプレゼンをしましょう」というような「目的や場面，状況など」を設定し，言語活動を仕組み，生徒の「思考力，判断力，表現力等」の育成につなげていきます。

話す　書く

14　要約して伝える

「**要約**」は，『中学校学習指導要領（平成29年告示）』の中に出てくる語句です。

2　内　容

　〔思考力，判断力，表現力等〕

（3）　言語活動及び言語の働きに関する事項

　オ　話すこと［発表］

　　（ウ）　社会的な話題に関して聞いたり読んだりしたことから把握した内容に基づき，自分で作成したメモなどを活用しながら口頭で**要約したり**，自分の考えや気持ちなどを話したりする活動。

（下線・強調は筆者）

　「要約できる」ということは，聞いたり読んだりしたことについて，その内容の大事な情報を理解し，伝えられていることの大まかな内容（概要）を捉え，書き手や話し手の伝えたいこと（要点）を適切に捉えなくては，要約はできません。

　例えば，授業冒頭において，ALT と Small Talk をします。その聞き取った内容を友だちと英語で確認することをします。その際，必要に応じ，メモを取らせます。そのメモを頼りに1回目は日本語で伝え合います。もう一度，ALT との Small Talk を聞き，今度は，英語で伝え合わせます。この活動も，聞いたり読んだりしたことについて，必要な部分を伝え合うことから，要約して伝える活動となります。

　さらに，教科書の本文を用い，右のような対話文があるとします。このような短い対話文であっても，要約は可能です。ユミがトムに質問しています。分かる情報は，トムのことです。そこで，トムについて，分かることを伝えれば，それが要約になります。例えば，Tom likes sushi. His favorite sushi is salmon, but he doesn't like squid. となります。もちろん，三人称単数現在形を学習した後の活動になります。

> **教科書の本文（例）**
>
> Yumi：Do you like Japanese food?
>
> 　Tom：Yes, I do.　Sushi is my favorite!
>
> Yumi：What do you like?
>
> 　Tom：I like salmon, but I don't like squid.

　英語の授業で，リテリングの活動があります。これは，聞いたり読んだりしたことについて，英文を再構成して自分の言葉で話す（書く）活動であり，これも，要約と言えるでしょう。

Chapter 2　18の指導事項でみる「思考力，判断力，表現力」　041

話す

15 即興で伝える

/////////

　「話すこと［やり取り］」の１つ目の目標に，「関心のある事柄について，簡単な語句や文を用いて**即興で伝え合うことができるようにする**」とあります（強調は筆者）。「**即興で**」とは，『中学校学習指導要領（平成29年告示）解説　外国語編』では，「**不適切な間を置かずに相手と事実や意見，気持ちなどを伝え合うこと（p.22）**」とあります（強調は筆者）。この「即興で」というのも，「思考力，判断力，表現力等」の力と考えます。

　全国学力・学習状況調査（令和５年実施）では，話すことの問題の「知識及び技能」を測る問題として出題されていました。基本的な表現を用いて，即興で伝え合うことができるかどうかを測る問題です。しかし，よくよく考えてみると，「知識及び技能」の力が備わっているかどうかであれば，７秒という解答時間の制限がなくてもよいはずです。言い直してもいいから，言えていれば，「知識及び技能」は備わっていると判断してはいけないのでしょうか。「即興性」を求めた段階で，私は，適切に表現するという「思考力，判断力，表現力等」の力を測っていると考えることもできると思います。

　では，「即興で」やり取りができるようにするためには，どのような指導が必要でしょうか。事実であれば，即興でのやり取りは，そんなに難しくはありません。「知識及び技能」が備わっていれば，やり取りは可能です。難しいのは，考えや理由，また，何かを説明する場合の即興です。

　そこで，１つは，矛盾するかも知れませんが，敢えて「**考える時間**」**を取る**ようにします。まずは，頭の中で，どのように発話するのか，考える時間を取ります。そして，その時間をだんだんと短くしていくのです。つまり，どのように伝えるかの構成を考えさせ，その考える時間を短くし，即興にもっていくのです。過去の出来事を伝える時には，時系列で説明をしたり，自分の考えを伝える時には，結論から先に言い，その後で，その理由や根拠を言ったりというような発話構成に慣れさせ，頃合いを見て「即興で」に切り替えていくのです。

　もう１つは，元々，目標では「関心のある事柄について」とありますので，そんなに難しい話題での即興性は求めていないということです。難しくない話題で取り組むとよいでしょう。

　また，「不適切な間を置かずに」ということですので，Let me see. や，That's a good question. It is hard for me to answer it, but …. と，Filler words/phrases を用いたり，What do you think? と，逆に相手に尋ねたり，さらに，尋ねられて，Sorry, I have no idea. と，一時的に返答するのも，「不適切な間」を回避することになります。このような Filler words/ phrases 等を教えておくことも，即興でやり取りできる生徒を育てることになります。

書く

16　読み返す

　「**読み返す**」ということも，大事な「思考力，判断力，表現力等」と考えます。私自身，今現在，原稿を書きながら，何度も読み返し，文章構成を考えたり，無駄な語句を削ったり，修正を図っています。特に，１つの段落で１つのメッセージが伝わるよう，読み返したりしています。そして，私の言いたいことは何なのだろうか，要点は何なのだろうか，と立ち止まっては考え，自分の主張の明確化を図るよう修正しています。「読み返す」という指導事項は，生徒の「思考力，判断力，表現力等」の育成に関わると考えます。

　英文には，構成があります。「03　『構成』を考えて聞く／読む／伝える」（本書 p.30）でも述べたように，英語の段落には，Topic sentence → Supporting sentences → Concluding sentence の３段階で表現するようになっています。そのことを，教科書の本文の読み取りの中で，文章構成について理解させ，その理解を「話す」「書く」などの表現に応用させます。もちろん，文章を書く時点で，上記の３段階を意識して書かせますが，書き終えた後，本当にそのような構成になっているか，理由は足りなくないか，接続詞は必要か不要か，他にも付け加えることはないか等，読み返しながら，文章を校正していく力は付けておきたいです。

　そこで，私は，生徒同士，相互で読み合うことをさせます（peer reading）。読み合いながら，文章構成に意識を向けさせ，段落内の主張は明確になっているか，最初に Topic sentence（話題の提示）がきているかどうか，その後の Supporting sentences（支持文）は，十分な理由になっているかどうか，最後に，Concluding sentence（結論文）がきているかどうか等，見極めさせていきます。人は，他人の文章から学ぶことは，多々あります。他人の文章を読むことで，さらに，文章構成を見る目が養われます。目が養われると，今度は，自分が書く主体者になった時に，そのような視点で文章を書くことができるようになります。また，文章を読み返し，自ら修正していくことと思います。しかし，最初から，自分の文章を読み返すことは，あまり適さないでしょう。自分の書いた文章の粗は，なかなか気づかないものです。私自身，自分が書いた文章を何回も読み直しても，誤字に気づかなかったりします。つまり，自分の文章は，「慣れっこ」になっているのです。だから，他人に読んでもらって意見を言ってもらうのが一番です。そこで，Peer reading を通じ，文章構成を見る目を養うことで自らが書く文章を確かにしていくことをねらいます。

　全国の高等学校の入試問題には，生徒の考えや理由，事実を引き出すような良問がたくさんあります。それも，書かせる文としては，そんなに多くない量です。生徒の考える力を鍛えるためにも，帯活動で授業の冒頭，英作文させてはどうでしょうか。

Chapter 2　18 の指導事項でみる「思考力，判断力，表現力」　043

話す

17 会話を継続し，伝え合う

会話は，①繰り返す，②相づちを打つ，③つなぎ言葉を使う，④質問する，⑤感想を言う等を通じて，継続され発展していきます。これらを合わせて私は「反応する」としています。

例えば，次の会話があるとします。

A：What food do you like?

B：I like sushi.

これで黙っていたら，会話は継続していきません。そこで，①の〔繰り返し〕を入れてみます。

A：What food do you like?

B：I like sushi.

A：Sushi?

最後に，Sushi? と入れるだけで，何か会話が続きそうな感じがします。

次に，Sushi? と言った後に，②の〔相づち〕を入れてみます。

A：What food do you like?

B：I like sushi.

A：Sushi? Me too.

さらに，③の〔つなぎ言葉〕を入れて，④の〔質問〕をしてみます。すると相手が答えます。

A：What food do you like?

B：I like sushi.

A：Sushi? Me too. Well .... What sushi do you like?

B：I like tuna.

最後に，⑤の〔感想〕を言ってみます。

A：What food do you like?

B：I like sushi.

A：Sushi? Me too. Well .... What sushi do you like?

B：I like tuna.

A：Tuna? That's delicious.

すると，最初2文で会話が終わっていたものが，最後には，9文に増えているのが分かります。このように，「**会話を継続**」させるための方法を生徒に教えながら，Small Talk 等のやり取りをさせていきます。会話が継続してできる力も，「知識及び技能」を活用した「思考力，判断力，表現力等」の力です。

044

話す 書く

18 引用する／客観的な事実で伝える
/////////

『中学校学習指導要領（平成29年告示）』では、「話すこと」「書くこと」のそれぞれ「ウ」において、次の目標が掲げられています。

---

(3) 話すこと［やり取り］
　　ウ　社会的な話題に関して聞いたり読んだりしたことについて、考えたことや感じたこと、その理由などを、簡単な語句や文を用いて述べ合うことができるようにする。

(4) 話すこと［発表］
　　ウ　社会的な話題に関して聞いたり読んだりしたことについて、考えたことや感じたこと、その理由などを、簡単な語句や文を用いて話すことができるようにする。

(5) 書くこと
　　ウ　社会的な話題に関して聞いたり読んだりしたことについて、考えたことや感じたこと、その理由などを、簡単な語句や文を用いて書くことができるようにする。

聞いたり読んだりしたことについて、考えたことや感じたこと、その理由などを述べたり、話したり書いたりすることができることが目標となっています。

『中学校学習指導要領（平成29年告示）解説　外国語編』では、社会的な話題とは、社会で起こっている出来事や問題に関わる話題のこと（p.24）であり、具体的には、エネルギー問題や環境問題（p.24）、人権問題、ICT の普及（p.26）、自然環境、世界情勢、科学技術、平和など（p.28）があげられています。現在ではそこに、AI が加わってきます。

次のような文章を読んで、自分の考えを伝える場面を設定します。

　　Science and technology make our lives easier. We use phones, computers, and machines every day. Technology helps us talk to people far away, find information, and do hard work faster. Scientists also use technology to make medicine, grow food, and explore space. But sometimes, new technology can cause problems like pollution. It is important to use technology in a good way.

本文を読んで感じたこと、考えたことを英語で表現します。その際、本文中の表現を引用して、自分の考えを伝えることをします。

　　The text says, "New technology can cause problems like pollution." I agree. While technology makes our lives better, we need to consider the environment. We should use clean energy, such as solar or wind power, to help reduce pollution.

Chapter 2　18 の指導事項でみる「思考力，判断力，表現力」　045

まとめ

　Chapter 2 では，「思考力，判断力，表現力等」を指導するための指導事項を取り上げました。もちろん，ここで取り上げた指導事項の他にも，様々な指導事項があるかと思います。指導事項の意味は，「どのように思考力，判断力，表現力等を育てていくのか」というその方向性を示すところにあります。私が一貫して伝えたいことは，単に「目的や場面，状況など」を設定し，言語活動を行わせることが，「思考力，判断力，表現力等」の授業ではないということです。そこに，「思考力，判断力，表現力等」として，何らかの指導が入るべきだと感じているのです。

　例えば，「目的や場面，状況など」を「最近，秩父にも外国人が観光に来ることが多くなりました。そこで，秩父の環境を守るために，外国人に注意を促すチラシを作ることになりました」とします。

　まず，「思考力，判断力，表現力等」ですので，外国人を相手に，どのようなことを伝えようか考えます。相手意識をもち，「どのようなことを伝えようか」「どのようなことが秩父の環境を悪くするのだろうか」「秩父のどんな環境を守りたいか」，そういうことを考えます。もちろん，自然環境だけでなく，お店で列になっている時に，きちんと一列になって並ぶとか，温泉に入る時のルールなども，外国人に向けた（外国人に限らずですが）内容になるかと思います。この段階は，英語の授業でなくてもできます。

　次が，英語教育の「思考力，判断力，表現力等」のメインになります。伝えたいことを，どのような英語で伝えるか，どのような順番で伝えるか，出だしは何から始めるか，など思考・判断していく部分です。例えば，秩父の環境を守るために外国人に周知したい事柄としてチラシを作成する場合，いきなり守ってもらいたいことから書き始めることはしないでしょう。最初は，Welcome to Chichibu! のように，秩父に来てくれた感謝の意を表します。その後，秩父の良さを書き，その秩父の良さを味わってもらうために，いくつかお願いがあります，と趣旨に入っていきます。伝え方も，箇条書きで分かりやすく，ルール等を短い文で書くことになります。そう考えると，「思考力，判断力，表現力等」の目標として，「秩父の環境を守るための外国人向けのチラシを作成するために，伝えたい情報を整理し，短く簡潔な文で伝えることができる」となります。指導事項は，「情報を整理して伝える」であり，「短く簡潔に伝える」ということになります。情報を整理するとは，複数の伝えたい情報の伝える順番を考え，並び替えることの技能を指します。また，チラシですので，一目で分かるように短く簡潔であることが，「適切に」伝えることにもなります。

　このように，「思考力，判断力，表現力等」の授業では，どのように伝えるのか，どのように伝え合うのか，といった，「どのように」という部分が大切だと考えるのです。

　汎用性のある「思考力，判断力，表現力等」の指導事項を増やしていきたいです。

Chapter 3

聞くことの
「思考力,判断力,表現力」を
育てる授業づくり&ワーク

「情報」を聞き取る

01

//////////

複数の情報を正確に聞き取り，メモする

対象　1年（1学期）　　時間　8分　　言語材料　be 動詞・一般動詞

英語の聞き取りは，情報を正確に聞き取るところから始まります。情報を正確に聞き取らせるために，メモを取らせるとよいです。メモを取ることで，複数の情報の中から，必要な情報は何かを判断させることができます。メモを取ることも技能ですので継続指導していきます。

ねらい

転入生のことを知るために，転入生の自己紹介を聞き，メモを取りながら，複数の情報を正確に聞き取ることができる。

指導手順

生徒の学習活動	教師の指導／支援
「目的・場面・状況」を確認する。 ・メモの取り方を知る。 2分	○ワークシートを配り，状況を説明する。 　T：Look at this picture. She is a new student. Her name is Nicole. What can you hear about her? ○メモの取り方を簡単に教える。（ワークシート下部）
Step 1 ・英語を聞き，日本語でメモをする。 ・必要に応じ，2，3回聞き，メモを増やしていく。 2分	○音声を流す。 　T：Listen and take notes on your handouts. （例）Hello. Nice to meet you. My name is Nicole. I'm from the Philippines. I like music. I play the violin. I like Japanese food. My favorite Japanese food is sushi, but I don't eat octopus.
Step 2 ・情報を確認する。　1分	○聞いた内容をペアで確認させる。 　T：What did you catch? Share the information.
Step 3 ・もう一度聞く。　1分	○もう一度聞かせる。 ・新たに加える情報があれば，付け足させる。
Step 4 ・質問に答える。 ・答え合わせをする。　2分	○日本語で質問し，日本語で答えさせる。 　①Nicole の出身は？　②何の楽器を弾くか。 　③好きな日本食は？　④好きではないものは？

Worksheet

英語を聞いて，メモしよう！

Class（　　　　）Number（　　　　）Name（　　　　　　　　　　　　）

目的・場面・状況

　ニコル（Nicole）さんは，あなたのクラスに来た転入生です。ニコルさんが自己紹介をしています。ニコルさんについて分かることを聞き取ってみましょう。

Step 1　英語を聞いて，聞き取れたことをメモしましょう。

Step 2　どんな話だったか，友だちと聞き取ったことをシェアーしましょう。

Step 3　もう一度英語を聞きます。さらに分かったことを，Step 1のメモに足しましょう。

Step 4　先生の質問に答えましょう。

　　　　①　_____　　②　_____

　　　　③　_____　　④　_____

- -

【メモの取り方】　　　　　　　　　　　（例）
・英語を聞いてメモを取る時には，
　大事なワードだけを簡単にメモし，
　後で内容を思い出せるようにします。
・関係があるもの同士は線で結びます。

リッシュ ── インド
クリケット ── 人気がある
放課後
日本語の勉強

Chapter 3　聞くことの「思考力，判断力，表現力」を育てる授業づくり＆ワーク　049

「情報」を聞き取る

02 対話を聞き，聞き取った情報をメモする

対象　1年（1学期）　　時間　8分　　言語材料　be動詞・一般動詞の疑問文

> 対話文の時は，どのようにメモを取ったらよいでしょうか。1つ目は，「〇〇と△△の対話です」と聞いたら，その時点で，登場人物の名前（〇〇と△△）を書くようにします。2つ目は，疑問文よりも答えの文をメモします。3つ目は，関係あるものを線でつないでいきます。

ねらい　アキとジムの対話を理解するために，メモを取りながら，複数の情報を正確に聞き取ることができる。

指導手順

生徒の学習活動	教師の指導／支援
「目的・場面・状況」を確認する。 ・メモの取り方を知る。　2分	○ワークシートを配り，状況を説明する。 　T：Aki and Jim are talking in the classroom. ○対話文のメモの取り方を教える。（ワークシート下部）
Step 1 ・英語を聞き，日本語でメモをする。 ・必要に応じ，2，3回聞き，メモを増やしていく。 　　　　　　　　　　2分	○音声を流す。 （例）Aki：Do you have a pet, Jim? 　　　Jim：Yes, I have a dog. Her name is Bella. 　　　Aki：Wow, a cute name. Is she big or small? 　　　Jim：She is medium-sized. 　　　Aki：What color is she? 　　　Jim：She is white and brown.
Step 2 ・情報を確認する。　1分	○聞いた内容をペアで確認させる。 　T：Share the dialogue with your partner.
Step 3 ・もう一度聞く。　　1分	○もう一度聞かせる。 　T：Listen again and add more information if you catch something new.
Step 4 ・質問に答える。 ・答え合わせをする。　2分	○日本語で質問し，日本語で答えさせる。 　①Jimは何を飼っているか。　②名前は何か。 　③大きさは？　④その動物は何色か。

Worksheet

対話を聞いて，メモしよう！

Class（　　　　）Number（　　　　）Name（　　　　　　　　　　）

目的・場面・状況

　アキ（Aki）さんとジム（Jim）君が休み時間に教室で話をしています。2人がどんなことを話しているのかを聞き取りましょう。

Step 1　英語を聞いて，聞き取れたことをメモしましょう。

Step 2　どんな話だったか，友だちとメモを見合いながら，シェアーしましょう。

Step 3　もう一度英語を聞きます。さらに分かったことを，Step 1のメモに足しましょう。

Step 4　先生の質問に答えましょう。

①　_____　②　_____

③　_____　④　_____

【メモの取り方】

❶対話文では，話し手の名前をまず書く。

❷疑問文でなく，答えの文を注意して聞く。

❸関係のあるものを線で結ぶ。

（例）

ジム ── 音楽好き ── ロック

　　　　宇多田ヒカル

　　　── ギター ── 弾く

アキ ── ピアノ

Chapter 3　聞くことの「思考力，判断力，表現力」を育てる授業づくり＆ワーク　051

「情報」を聞き取る

03 置かれた状況から，必要な情報を聞き取る

対象　2年（1学期）　　時間　10分　　言語材料　未来形　他

私たちは日常，無意識に聞くことをしています。英語で言うと，hear になります。一方，目的をもって聞くことは，listen です。ドラマのストーリーをよく理解するために聞いたり，今日の運勢がテレビで流れたので聞こうとしたりするのは，listen です。

ねらい　遊園地に遊びに行く日の天気を確認するために，天気予報を聞き，必要な情報を聞き取ることができる。

指導手順

生徒の学習活動	教師の指導／支援
「目的・場面・状況」を確認する。　　　　　　　　1分	○ワークシートを配り，状況を説明する。 T：遊園地に遊びに行く日の天気を確認します。
Step 1 ・必要な情報を確認する。 　　　　　　　　1分	○何を聞き取ったらよいか確認する。 T：何を聞き取りますか。 S：木曜日の天気／天気の良い日
Step 2 ・英語を聞く。	○音声を流す。 ・2，3回聞かせる。

> 　　Good evening, this is ABC weekly weather forecast! Let's take a look at what we can expect for the upcoming week. **On Monday**, we'll have sunny weather all through the morning. In the afternoon, it's going to get cloudy, and we'll have rain in the night. **Tuesday** brings a chance of afternoon showers, so don't forget your umbrella. **Wednesday** will be mostly cloudy with temperatures around 22 degrees Celsius. **On Thursday**, we'll expect scattered showers throughout the day. **On Friday**, the weather will clear up once again with sunny skies and a comfortable high of 24 degrees Celsius. That's the weather forecast for the week. Have a great evening!

・内容を確認する。　　3分	○内容を確認させる。
発展1　話し合う。　　2分 発展2　書く。　　　　3分	○天気予報から，行く日，集合場所や時刻，予算，行き方等を話し合って決めさせる。英語で書かせる。

052

Worksheet

天気予報を聞いてみよう！

Class（　　　　）Number（　　　　）Name（　　　　　　　　　　　）

目的・場面・状況

　明日から夏休みです。そこで，来週の木曜日に，友だちと遊園地に行こうと思っています。しかし，雨では乗り物も乗れません。そこで天気予報をチェックし，行く日を変更することも考えています。

Step 1　　何を聞き取ったらいいですか。

Step 2　　〔Listening〕天気予報を聞いてみましょう。

Mon.	Tues.	Wed.	Thurs.	Fri.

発展 1　　〔Speaking〕

❶天気予報を聞いた後，再度，遊園地に行く予定を見直すことになりました。遊園地に行く日を決めた後，他に打ち合わせることはありますか。

❷次の会話文から始めて，予定を決めていきましょう。

A：Hello, I checked the weather forecast this morning. ------------------------

B： --

発展 2　　〔Writing〕例にならって，決まったことを英語で書きましょう。

（例）We are going to ... next Friday. We are going to meet at the station at 8 am.

Chapter 3　聞くことの「思考力，判断力，表現力」を育てる授業づくり&ワーク　053

「情報」を聞き取る

04

重要な情報を聞き取る

/////////

対象　2年（2学期）　　時間　20分　　言語材料　道案内表現　他

英語を聞く時には，1語1句を聞き取るのではなく，相手の意向を把握したり，必要な部分を聞き取ったりします。つまり，聞こえてくる情報のすべてに集中する必要はありません。例えば，道案内では，道順の目印となる重要な情報を正確に聞き取ることに集中させます。

ねらい　道順を正確に理解するために，重要な情報を正確に聞き取ることができる。

指導手順

生徒の学習活動	教師の指導／支援
「目的・場面・状況」を確認する。　　　　　　　　1分	○ワークシートを配り，状況を説明する。 　T：あなたが，イギリスで道を尋ねている場面です。
●道案内を聞く。 ・地図を伏せる。 ・道案内を聞く。	○地図は見させない。 　T：地図は見ないで，頭の中で道順をイメージします。 ○音声を流す。
No.1　A：Excuse me, could you tell me the way to the museum? 　　　　B：Sure. Go straight and turn left at the second corner. Then, go for two blocks, you can see the museum on your right.　（答え：❺）	
・地図を見て確認する。 ・答え合わせをする。　　9分	○地図を見させ，美術館がどこにあるのかを確認させる。 ○答え合わせをする。以下，No.2，No.3を同様に行う。
No.2　A：Excuse me, could you tell me the way to the library? 　　　　B：Sure. You can see a bookstore over there. Turn right there. Go straight. It's next to a coffee shop. It's at the corner.　（答え：❼） No.3　A：Excuse me. I want to go to the ABC hotel. Do you know where it is? 　　　　B：Yes, go along for three blocks. You can see a flower shop at the corner and a big department store on the left. Turn right there. Go along that street. ABC hotel is between the department store and the movie theater.　（答え：❸）	
発展　道案内をする。　10分	○ペアで❶～⓬の建物の道案内をさせる。

054

Worksheet

道案内を聞いてみよう！

Class（　　　）Number（　　　）Name（　　　　　　　　　）

目的・場面・状況

　あなたはイギリスを旅行しています。観光地をいくつか回りたいと思っていますが，道が分からずにいます。そこで，現地の人に道を尋ねることにしました。

●地図は見ずに，頭の中で，道順を確認し，次の３つの場所を聞き取りましょう。

①美術館（　　　　）　　②図書館（　　　　）　　③ ABC ホテル（　　　　）

❶	❷	department store ❸ movie theater ❹
❺	hospital	flower shop ❻ coffee shop ❼
❽	bank ❾	bookstore ❿
❶❶ park		❶❷

You are here! ↑

発展　❶〜❶❷に自由に建物を入れ，ペアで道案内し合いましょう。

❶（　　　　）❷（　　　　）❸（　　　　）❹（　　　　）
❺（　　　　）❻（　　　　）❼（　　　　）❽（　　　　）
❾（　　　　）❿（　　　　）❶❶（　　　　）❶❷（　　　　）

Chapter 3　聞くことの「思考力，判断力，表現力」を育てる授業づくり＆ワーク　055

「概要」を捉える／伝える

05 概要を聞き取る

////////

対象 2年（3学期）　**時間** 17分　**言語材料** 過去形　他

> 概要とは，大まかな内容です。全体としてどのような話であるのかを捉えることです。しかしながら，捉えられたかどうかはアウトプットさせないと分かりません。聞いた内容を説明できて初めて，理解した状態と判断します。その後，概要を伝え合う活動を行います。

ねらい ALTの先週末の出来事の話を聞き，どのような話であったのか，大まかな内容を捉えることができる。また，それを他者に伝えることができる。

指導手順

生徒の学習活動	教師の指導／支援
「目的・場面・状況」を確認する。　　　　　　　　1分	○ワークシートを配り，状況を説明する。 　T：ALTの先生の話を聞き，大まかな内容を捉えましょう。
Step 1 ・メモを取りながら聞く。2分	○ALTに「先週末のこと」について，話してもらう。 　T：Let's listen and take notes.
ALT：Last weekend, I had a lot of fun. On Saturday morning, I went to a park and took a walk under the autumn leaves. In the afternoon, I went to a small cafe and tried matcha latte for the first time — it was delicious! On Sunday, I visited a museum in the city and learned about Japanese history. After that, I met my friends for dinner at an Italian restaurant. We ate salad and pasta. We talked about our favorite places in Japan. It was a relaxing and interesting weekend.	
Step 2 ・ペアで概要を伝え合う。 ・概要を確認する。 　　　　　　　　4分	○概要を伝え合わせる。できれば英語で伝え合わせたい。 概要 土曜日の朝は公園に行って散歩，午後はカフェに行った。日曜日は博物館に行って，夕食は友だちとイタリアレストランで食べた。
発展1・2 ・先週末の話をする。 ・概要を整理する。　10分	○ペアで先週末のことについて伝え合わせる。 ・お互いに相手の概要を伝え合わせる。 ・相手の先週末のことについて，概要を英語で書かせる。

Worksheet

話の概要を伝えてみよう！

Class（　　　　）Number（　　　　）Name（　　　　　　　　　　）

目的・場面・状況

　ALT の先生が英語で「先週末」の話をします。その話を聞いて，大まかに言ってどんな話であったのか，「概要を伝える」ことをします。必要に応じて，メモを取ることもできます。概要とは，大まかな内容です。

Step 1　ALT の先生の話を聞きながら，話をマッピング（メモ）していきましょう。

マッピング・メモ

Step 2　ペアで，どんな話であったのか，その概要を伝え合いましょう。

発展1　みんなの先週末の過ごし方を，伝えます。
　❶黒板に向かって右側の生徒が立って，先週末について話します。
　　約1分間話してください。
　❷その後，先生の合図があったら，左側の生徒が立って話します。
　❸約1分後，お互い，どんな話であったのか大まかな内容を伝え合います。

発展2　相手の先週末の概要を英語で書きましょう。

Chapter 3　聞くことの「思考力，判断力，表現力」を育てる授業づくり＆ワーク　057

「要点」を捉える／伝える

06 要点を聞き取る
/////////

| 対象 3年（1学期） | 時間 18分 | 言語材料 過去形 他 |

> 　話題には「日常的な話題」と「社会的な話題」があり，中学生は，社会的な話題に対して，考えたり，表現したりすることを苦手としています。そこで，社会的な話題を取り上げ，話し手が最も伝えたいことを捉えることをしていきます。

ねらい ニックの話を聞き，ニックが伝えたかったことは何か適切に判断し，要点を捉えることができる。また，それを他者に伝えることができる。

指導手順

生徒の学習活動	教師の指導／支援
「目的・場面・状況」を確認する。　　　　　　　　　1分	○ワークシートを配り，状況を説明する。 　T：ニック君が一番言いたいことは何でしょう。
Step 1 ・Nick の話を聞く。　　　2分	○シンガポール出身の Nick の話を聞く。 　T：必要に応じて，メモを取りながら聞いてみましょう。
Pollution has been a big problem.　It makes the air, water, and land dirty.　To reduce pollution, we can do simple things every day.　First, use bicycles or walk instead of using cars.　This helps the air stay clean.　Second, do not throw trash on the ground.　Put it in a bin or recycle it.　Third, use less plastic.　Bring your own bag when shopping and use bottles.　Planting trees is also a good idea because trees clean the air.　If we all work together, we can make the Earth a cleaner and better place to live.	
Step 2 ・ペアで聞き取った情報を伝え合う。 　　　　　　　　　　　2分	○メモを見ながら内容を振り返らせる。 　　公害が大きな問題　　　―空気，水，土地が悪くなる 　　公害を減らすためには　―自転車を使う，歩く 　　　―ごみを捨てない，分別する　―プラを使わない 　　　―木を植える　―きれいな空気になる
Step 3 ・要点を捉える。　　　　3分	○要点は何かを伝え合わせる。 |要点|　みんなで力を合わせれば，地球はもっと良くなる。
発展　英語で書く。　10分	○地球環境を良くする考えを英語で書かせる。

058

Worksheet

話の要点を伝えてみよう！

Class（　　　　）Number（　　　　）Name（　　　　　　　　　　　）

目的・場面・状況

　シンガポールのニック（Nick）君が，英語の授業でスピーチをします。それを聞いて，ニック君が一番言いたいことは何か，それを聞き取ってみましょう。

Step 1 　ニック君の話を聞いて，必要に応じてメモを取っておきましょう。

Step 2 　ペアで，どんな話であったのか，その内容を振り返りましょう。

Step 3 　ニック君が言いたかったことは，何だったのでしょうか。

発展 　あなたが地球環境を良くするために，できることを英語で書いてみましょう。

Chapter 3　聞くことの「思考力，判断力，表現力」を育てる授業づくり＆ワーク　059

「要点」を捉える
07
/////////
物語の教訓を聞き取る

対象　3年（2学期）　　時間　13分　　言語材料　特になし

　小説，物語，映画，まんが等，作品には筆者の伝えたいメッセージが込められています。それらのメッセージを適切に理解し，要点を捉えることにつなげていきましょう。イソップ童話等では，それが教訓として提示されていますので，生き方を学ぶ指針にもなります。

ねらい　イソップ童話を聞き，その物語で伝えたいことの要点を適切に判断し，聞き取ることができる。

指導手順

生徒の学習活動	教師の指導／支援
「目的・場面・状況」を確認する。　　　　　　　　1分	○ワークシートを配り，状況を説明する。 　Ｔ：フィリピンの小学校で動画を見ています。
Step 1 ・英語を聞く。　　　　　5分	○動画の英語を聞かせる。 ・聞いた内容をペアで伝え合わせる。
One day, a lion was taking a nap. A small mouse came near him. The mouse did not see the lion and ran up on him. The lion woke up and caught the mouse. He wanted to eat it. The mouse said, "Please help me! If you save me, I will help you one day." The lion thought, "How can the small mouse help me?", but he let him go. The mouse said thank you and ran away. A few days later, the lion was caught in a trap. Then, someone came running to help. It was the mouse he saved! "Thank you for helping me before. Now, it is my turn to help you.", said the mouse. The mouse used his teeth to bite the ropes. Soon, the lion was free. The lion thought he would never need help from a small mouse. But it saved his life. The lion was surprised and very thankful.	
Step 2 ・4コマまんがを描く。　2分	○4コマまんがでストーリーを捉えさせる。
Step 3 ・教訓を考える。　　　　5分	○この話の教訓を考えさせる。 ・選択肢から1つ選ばせる。（答え：3番目）

060

Worksheet

物語の教訓は何？ – What is the lesson of the story? –

Class（　　　　）Number（　　　　）Name（　　　　　　　　　　）

目的・場面・状況

フィリピンの小学校で動画を見ています。どんな話でしょうか？
聞き終わったら，動画の話を4コマまんがで描きましょう。

Step 1　概要（大まかな内容）を捉えるために必要な情報を英語でメモしましょう。

Step 2　動画の話を4コマまんがで描くと，どんな4コマの絵になるかな？
　　　　　（絵のうまい下手は関係ありませんので，聞き終わったら自由に書いてみよう）

Step 3　この話の教訓（lesson）を1つ選び，□に✓を入れましょう。

☐ Always be strong, so you never need help.

☐ Small animals should stay away from big animals.

☐ Kindness always comes back to you.

☐ The lion is the king of the jungle and doesn't need friends.

Chapter 3　聞くことの「思考力，判断力，表現力」を育てる授業づくり＆ワーク　061

まとめ

　聞くことの「思考力，判断力，表現力等」のポイントは，「情報」「概要」「要点」です。この３つを聞き取ることが，「思考力，判断力，表現力等」の力と言えます。

　その３つを聞き取らせるために，「メモ」を取らせていきます。メモを取ることを教えるのです。これは，中学１年の最初から指導していきます。「英語を聞いてメモを取ってみましょう」と投げかけ，メモを取らせます。同時に指導もします。例えば，モノローグ（１人語り）のメモと，ダイアローグ（対話）のメモでは，その取り方が異なります。ダイアローグでは，やり取りになりますので，片方が質問して，片方が答える場面があります。当然，質問はメモする必要はなく，どう答えたかに傾聴させます。そして，それを発言者の名前から線を引き，メモしておきます。またもう１つ，ダイアローグでは，最初に対話者の名前を書くように指示します。そして，発言者の言ったことで，必要な情報をメモさせていくのです。

　内容理解も大事です。これは，次の Chapter の「読むこと」でも取り上げますが，まず話題の中心は何かを捉えさせます。いわゆる Topic であり，パラグラフライティングで言うところの Topic sentence になります。明らかな Topic sentence はなくても，モノローグであれ，ダイアローグであれ，話題の中心はあります。「何についての話題なのか（What are they talking about? / What is the main topic? 等）」と発問すればよいでしょう。その後，「どんなことが話されていましたか」と，「情報」の取り出しを行います。もちろん，この時に，本書48ページや，50ページにあるように，「Nicole の出身は？」や「Jim は何を飼っているか。」のように，教師が発問して答えさせる形式でも構いません。どんなことが聞き取れたのか，必要な情報の聞き取りを確認します。

　この情報の聞き取りは，時に，「知識及び技能」の学習であったり，「思考力，判断力，表現力等」の学習であったりします。「複数の情報を正確に聞き取ることができる」ということも，「思考力，判断力，表現力等」の適切な力ですので，そこをねらいとした場合は，「思考力，判断力，表現力等」の授業となります。

　さて，今後，指導に力を入れていきたいのは，概要や要点を捉えさせるということです。これは，生徒が単に，英語を聞いてその内容を理解するだけで終わらずに，話を聞いて，大まかな内容は何かを説明できる状態にするということです。話し手が伝えたいことは何かを適切に捉えるということです。これは「思考力，判断力，表現力等」の力となります。

　このようなことを，教科書の本文や，教科書の Listening Activity を用いて行います。メモの取り方，情報の取り出し，概要や要点の把握を，日常的に指導していくことで，聞くことの「思考力，判断力，表現力等」の力を付けていくことができます。そして，時々，目的や場面，状況などが設定された聞き取りを行います。例えば，CM で，商品の特徴や値段などの必要な情報を聞いて，何を買うか判断させる活動やオーセンティックな教材を取り上げてもよいでしょう。

Chapter 4

読むことの
「思考力，判断力，表現力」を
育てる授業づくり＆ワーク

「情報」を読み取る

01 複数の情報を正確に読み取る

////////

| 対象 | 1年（1学期） | 時間 | 12分 | 言語材料 | be動詞・一般動詞　他 |

　英語の読み取りは，まず，情報を正確に読み取るところから始まります。情報には浅い情報と深い情報があります。情報を正確に読み取らせるために教師は発問し，情報を正確に読み取れているかどうか確認します。教科書の本文を利用して，情報の読み取りを指導します。

ねらい　転入生が自己紹介をしている場面を読み，転入生のことをよく知るために，話されている内容の複数の情報を正確に読み取ることができる。

指導手順

生徒の学習活動	教師の指導／支援
「目的・場面・状況」を確認する。　　　　　　　　　　1分	○ワークシートを配り，状況を説明する。 　T：転入生をよく知るために，情報を正確に読み取りましょう。
Step 1 ・英語を読む。 ・①の答え合わせをする。 ・答えの根拠に線を引く。 ・②③の答え合わせをする。 　　　　　　　　　　3分	○浅い情報の読み取りを行う。 　T：①～③の情報を読み取りましょう。時間は2分です。 ○答えの根拠に線を引かせる。 　T：①の答えは？　　　Ss：Antonio. 　T：正解です。どこに書いてあるか，線を引きましょう。 ・同様に②③を答え合わせをし，根拠に線を引かせる。
Step 2 ・情報を深く読み取る。 ・答え合わせをする。 ・答えの根拠に線を引く。 　　　　　　　　　　3分	○深い情報の読み取りを行う。 　①日本のどんなところが良いと言っていますか。 　②みんなにお願いしていることは何ですか。 〈答え〉　①日本食が美味しい／人々が親切 　　　　　②日本語が話せないので助けてください。 　　　　　　一緒にスポーツをしましょう。 ○答えの根拠に線を引かせる。
発展 ・自己紹介をする。 　　　　　　　　　　5分	○どんな自己紹介をするか考えさせる。 　T：海外の初めての中学生の前で自己紹介する場面を想定して，みんなならどんな自己紹介をしますか。

064

Worksheet

情報を正確に読み取ろう！

Class（　　　　） Number（　　　　） Name（　　　　　　　　　　）

───────────── 目的・場面・状況 ─────────────

　あなたのクラスに外国から転入生が来ました。朝の会で，自己紹介をしています。転入生のことをよく知るために，情報を正確に読み取ってみましょう。

Step 1　英語を読み，①〜③の情報を読み取って，英語で書いてみましょう。

Hello, my name is Antonio. I am from the Philippines.
Japan is a nice country. I like Japanese food.
Japanese food is delicious. My favorite Japanese food is sushi.
People are kind. I cannot speak Japanese, so please help me.
I like playing outside. Let's play sport together. Thank you!

　　①転入生の名前は？　　　　　　　　　（　　　　　　　　　　　）
　　②出身地は？　　　　　　　　　　　　（　　　　　　　　　　　）
　　③日本はどんな国だと言っていますか。（　　　　　　　　　　　）

Step 2　情報を深く読み取ってみましょう。日本語で書きましょう。

　　①日本のどんなところが良いと言っていますか。2つ答えましょう。
　　　（　　　　　　　　　　　）（　　　　　　　　　　　）

　　②みんなにお願いしていることは何ですか。2つ答えましょう。
　　　（　　　　　　　　　　　）（　　　　　　　　　　　）

発展　みんなも初めての国で，中学生を前に自己紹介をすることになりました。
　　　どんな自己紹介をしますか。ペアで自己紹介をし合ってみましょう。

Chapter 4　読むことの「思考力，判断力，表現力」を育てる授業づくり＆ワーク　065

「情報」を読み取る

02 「対話文」から，情報の読み取りを行う
//////////

対象　1年（1学期）　　時間　10分　　言語材料　be 動詞・一般動詞

　　対話文の読み取りでは，質問の文よりも，答えの文の方に注目させます。情報が少ない場合は，「〜について分かることは何ですか」と発問し，生徒から読み取った情報を発表させていくことも有効です。教科書の対話文を用い，対話文の情報の取り出しをさせていきましょう。

ねらい　エリとヒロの対話文を読み，エリの質問に対し，ヒロがどのように答えているのかを読み取り，ヒロの情報を正確に読み取ることができる。

指導手順

生徒の学習活動	教師の指導／支援
「目的・場面・状況」を確認する。　　　　　　　　　　1分	○ワークシートを配り，状況を説明する。 　T：ヒロ君は，部活動の掲示を見ながら，どの部活動に入ろうか迷っています。
Step 1 ・対話文を読み，Hiro について分かる部分に線を引く。 ・線を引いたところをペアで確認する。　　　　　3分	○対話文を読み，Hiro について分かることに線を引かせる。 ・Hiro のセリフに注目させる。 ○ペアで線を引いたところを見比べさせる。 ・全体で確認する。
Step 2 ・Hiro について分かることを日本語で書く。 ・答え合わせをする。　　　　　4分	○ Hiro について分かったことを日本語で書かせる。 ○分かったことを発表させ，答え合わせをする。 〈答え〉　Hiro は新入生／ブラスバンド部に入りたい／ 　　　　フルートを吹く／今日は時間がない／ 　　　　明日は時間がある 　T：対話文では，質問にどう答えたかが大事ですね。
Step 3 ・音読をする。　　　　　　2分	○音読させる。 　T：Let's read the dialogue. Repeat after me. 　　Hi, are you a new student? 　Ss：Hi, are you a new student?

066

Worksheet

対話文から情報を読み取ろう！

Class（　　　　）Number（　　　　）Name（　　　　　　　　　　）

――――――――― 目的・場面・状況 ―――――――――

　ヒロ（Hiro）君は，部活動の掲示を見ながら，どの部活動に入ろうか迷っています。インド出身の中学２年生のエリ（Elli）さんは，ヒロ君を見かけ，部活動に勧誘します。

Step 1　ヒロ君について分かることは何ですか。線を引きましょう。

Elli：Hi, are you a new student?

Hiro：Yes, I am. I want to join the brass band.

Elli：Great! What instrument do you play?

Hiro：I play the flute.

Elli：Nice. We have practice after school today.
　　　Do you have time?

Hiro：Sorry, but I'm free tomorrow.

Elli：Good. Let's meet in the music room after school tomorrow.

Step 2　Step 1で線を引いたヒロ君について分かることを日本語で書きましょう。

Step 3　声に出して読んでみましょう。

Chapter 4　読むことの「思考力，判断力，表現力」を育てる授業づくり＆ワーク　067

「情報」を読み取る／「要点」を捉える

03 話題の中心は何かを読み取る

////////

| 対象 | 1年（3学期） | 時間 | 12分 | 言語材料 | 現在進行形　他 |

　1年の読み取りは，まだ英文の量も少ないことから情報の読み取りが，大半となります。その後，英文が多くなると，まとまりのある内容として，複数の情報を正確に読み取った上で，話題の中心（要点）は何かを読み取らせることもできるようになります。

ねらい　　ミカとルーシーの対話文を読み，話題の中心を捉えることができる。

指導手順

生徒の学習活動	教師の指導／支援
「目的・場面・状況」を確認する。 　　　　　　　　　　　1分	○ワークシートを配り，状況を説明する。 　T：ミカさんは教室で，カナダ出身のルーシーさんに声をかけます。2人はどんな話をしているのでしょうか。
Step 1 ・対話文を読み，話題の中心を捉える。 ・答え合わせをする。 　　　　　　　　　　　3分	○話題の中心は何かを考えさせる。 　T：2人は何について話していますか。話題の中心となる語句に線を引きましょう。 ○答え合わせをする。 　T：どこに線を引きましたか。隣の人と線を引いたところを確認し合いましょう。 　T：答えは，traditional Japanese games ですね。2人は，伝統的な日本の遊びについて話していますね。
Step 2 ・日本の遊びをどのように説明しているか知る。　　　2分	○けん玉と折り紙の説明の仕方に気づかせる。 　T：ミカさんは，けん玉と折り紙についてどのような英語で説明していますか。波線を引きましょう。
発展 ・英語を読み，どの日本の遊びであるか考える。 ・答え合わせをする。 　　　　　　　　　　　6分	○英語での遊びの説明を読み，遊びを推測させる。 　T：次の遊びは，何を説明したものでしょうか。 ○答え合わせをする。 〈答え〉　❶だるま落とし　❷百人一首　❸すごろく 　　　　　❹羽根つき　❺あやとり

068

Worksheet

話題の中心を読み取ろう！

Class（　　　）Number（　　　）Name（　　　　　　　　）

─────── 目的・場面・状況 ───────

　ミカ（Mika）さんは，教室で，カナダ出身のルーシー（Lucy）さんを見かけ，声をかけます。
2人は，どんな話をしているのでしょうか。

Step 1　話題の中心は何ですか。話題の中心となる語句に線を引きましょう。

Mika：Lucy, what's up?
Lucy：I'm reading a book about traditional Japanese games.
　　　　What games do children play in Japan?
Mika：We play "*kendama*" and "*origami*". Do you know them?
Lucy：*Kendama*? What is it?
Mika：It's a wooden toy. You catch a ball with a stick.
Lucy：Sounds fun! What about *origami*?
Mika：We fold paper and make animals or flowers.
Lucy：Wow! I want to try!

Step 2　ミカさんは，けん玉と折り紙についてどのような英語で説明していますか。
　　　　波線を引きましょう。

発展　次の遊びは，何を説明したものでしょうか。
❶ A wooden doll. Use a hammer and knock out the pieces without making it fall.
❷ Listen to a poem and quickly take the matching card.
❸ A board game. Roll dice and move for the goal.
❹ A game like badminton. Players hit a shuttlecock with wooden paddles.
❺ Use a string and make shapes with your hands, like a star or a house.

〔ヒント〕　羽根つき　　あやとり　　すごろく　　百人一首　　だるま落とし

Chapter 4　読むことの「思考力，判断力，表現力」を育てる授業づくり&ワーク　069

「事実」と「考え」を区別する

04 事実と考えを区別して読み取る

対象 2年（1学期）　時間 10分　言語材料 不定詞　他

文章は一般的に，事実（客観的な情報や実際の出来事）と考え（主観的な意見や感情，推測）からできています。情報過多の時代，事実と考えを見分けることで，考えが事実に基づいて述べられているのか，それとも主観や感情からなのか，批判的思考力が養われます。

ねらい　筆者の考えや気持ちを正確に理解するために，事実と考えを区別して読むことができる。

指導手順

生徒の学習活動	教師の指導／支援
「目的・場面・状況」を確認する。　　　　　　　　1分	○ワークシートを配り，状況を説明する。 　T：エミリーさんは，夏休みのことについて話しています。
Step 1 ・事実が書かれているところを把握する。 ・答え合わせをする。 　　　　　　　　　2分	○事実が書かれているところを見つけさせる。 　T：どんな事実が書かれていますか。線を引きましょう。 ○答え合わせをする。 　T：どこに事実が書かれていましたか。 S1：I visited Okinawa to learn about Japan's war history. S2：I went to museums and historical sites.
Step 2 ・考えや気持ちが書かれているところを把握する。 ・答え合わせをする。 　　　　　　　　　5分	○考えや気持ちが書かれているところを見つけさせる。 　T：エミリーさんの考えや気持ちに波線を引きましょう。 ○答え合わせをする。 　T：考えや気持ちが書かれているところを言ってください。 S1：I was shocked to learn about the events during the war. S2：It is important to remember history to prevent future wars.
発展 ・昨夜のことについて書く。 　　　　　　　　　2分	○文章を書かせる。 ・昨日の夜のことについて，事実の中に，考えや気持ちの入った文を入れるよう指導しておく。

Worksheet

事実と考えを区別して読み取ろう！

Class（　　　）Number（　　　）Name（　　　　　　　　　）

--- 目的・場面・状況 ---

　オーストラリア人のエミリー（Emily）さんは，英語の授業で夏休みのことについて話しています。どんな夏を過ごしたのでしょうか。

Step 1　どんな事実が書かれていますか。事実が書かれている英文に線を引きましょう。

　　I visited Okinawa to learn about Japan's war history.　I went to museums and historical sites.　I saw pictures, old weapons, and read stories about the past.　I was shocked to learn about the events during the war.　I also visited peace memorials and learned that the people of Okinawa are working for peace after the war.　It is important to remember history to prevent future wars.　I left Okinawa with a deep understanding and respect for the island's history.

Step 2　エミリーさんの考えや気持ちはどこに書かれていますか。波線を引きましょう。また，どのように書かれていますか。日本語で書きましょう。

発展　昨日の夜のことについて書いてみましょう。事実と考えを意識して書きましょう。

「概要」を捉える

05 概要を読み取る

対象 2年（2学期）　　時間 13分　　言語材料 特になし

（　概要とは大まかな内容であり，概要を他者に伝える際には，文章の重要な部分を網羅して伝える必要があります。対話文では What are they talking about?，説明文や物語文では What is the story about? と尋ね，概要を捉えさせ，それを適切に伝える能力を育てます。　）

ねらい 書かれている内容を理解したり，他者に内容を伝えたりするために，必要な情報を読み取り，大まかな内容（概要）を捉えることができる。

指導手順

生徒の学習活動	教師の指導／支援
「目的・場面・状況」を確認する。　　　　　　　　1分	○ワークシートを配り，状況を説明する。 　T：あなたは，旅行のパンフレットを見ています。そこに，ケン君がやってきて話しかけてきました。
Step 1 ・対話文を読み，話題の中心を捉える。 ・答え合わせをする。　　2分	○話題の中心は何かを考えさせる。 　T：話題の中心となる語句に線を引きましょう。 ○答え合わせをする。 　T：話題の中心は，Lantern Festival ですね。
Step 2 ・概要を掴む。 　　　　　　　　　　5分	○概要を考えさせる。 　T：記事にはどんな内容が書かれていますか。概要をケン君に伝えましょう。 （例）台湾のランタンフェスティバルは，旧正月の15日目に行われます。ランタンを灯し，それを空に放ち，来年の願い事をします。動物や有名なキャラクターなど様々な形のランタンが展示され，ドラゴンダンスや花火などの伝統的なパフォーマンスも行われます。この祭りは，家族が集まり，食事を楽しみ，台湾の文化を祝う時間です。
発展 ・英語で伝え合う。　　5分	○英語で伝え合わせる。 ・いわゆるこれがリテリングとなる。

072

Worksheet

大まかな内容を捉えよう！

Class（　　　） Number（　　　） Name（　　　　　　　　）

―――――― 目的・場面・状況 ――――――

　あなたは，旅行のパンフレットを見ています。見ていると，次の記事が目に入りました。そこに，ケン（Ken）君がやってきて話しかけてきます。

Step 1　話題の中心は何ですか。話題の中心となる語句に線を引きましょう。

One popular festival in Taiwan is the Lantern Festival. People cerebrate it on the 15th day of the Chinese New Year. We light colorful lanterns and release them into the sky. We make wishes for the year ahead. In some places, there are lantern displays with different shapes, such as animals and famous characters. The festival also includes traditional performances, like dragon dances and fireworks. The Lantern Festival is a time for families to come together, enjoy food, and celebrate Taiwanese culture.

Step 2　記事にはどんな内容が書かれていますか。大まかな内容（概要）を，ケン君に伝えましょう。日本語で伝えましょう。

発展　今度は，英語で伝えてみましょう。

Chapter 4　読むことの「思考力，判断力，表現力」を育てる授業づくり&ワーク　073

「構成」を考えて読む

06 文章構成を見抜く

対象 2年（3学期）　時間 10分　言語材料 特になし

2年になると英文の量も充実してきて，内容に一貫性のある文章が登場してきます。そこで，Topic sentence → Supporting sentences → Concluding sentence の流れを理解させ，書き手の主張を理解できるよう，読むことの指導をしていきます。

ねらい　書かれている文章の要点や概要を捉えたり，情報を正確に読み取ったりするために，文章構成について知り，文章の構成を見抜き，読むことができる。

指導手順

生徒の学習活動	教師の指導／支援
「目的・場面・状況」を確認する。 1分	○ワークシートを配り，状況を説明する。 　T：あなたは，AIに関する記事を読んでいます。AIについて，どんなことが書かれているのでしょうか。
Step 1 ・Topic sentence に線を引き，答え合わせをする。 2分	○Topic sentence に線を引かせ，答え合わせをする。 　T：AI, or artificial intelligence, is becoming a part of our lives.「AI が私たちの生活の一部になっていますね」と，話題の提示をしていますね。
Step 2 ・Supporting sentences の部分を□で囲み，答え合わせをする。 2分	○Supporting sentences を□で囲ませ，答え合わせをする。 　T：It helps ... から，health issues. までが，支持文です。
Step 3 ・Concluding sentence に波線を引き，答え合わせをする。 2分	○Concluding sentence に波線を引かせ，答え合わせをする。 　T：最後の文で，Let's study AI and use it wisely. が筆者の要点ですね。
Step 4 ・要点を書く。 3分	○要点を日本語で書かせる。 要点 AI を勉強して，賢く使おう。 ○発表させる。

074

Worksheet

文章構成を見抜こう！

Class（　　　）Number（　　　）Name（　　　　　　　　　）

目的・場面・状況

　あなたは，AI に関する記事を見つけ，読んでいます。AI について，どんなことが書かれているのでしょうか。まずは，文章構成を理解しましょう。

Step 1　この文章の Topic sentence（話題の提示）はどこですか。線を引きましょう。

Do you use AI in your daily life? AI, or artificial intelligence, is becoming a part of our lives. It helps us with tasks like shopping, learning, and finding information. But we also need to be careful of using it. AI cannot make all decisions. People must guide it and use it responsibly. First, AI can collect and use personal information. Be careful when you share things online. Second, AI is not always correct. Sometimes, it has mistakes or bias. Check any information from AI before using it. Don't rely on AI for everything. Think carefully and use your own skills. In the future, AI will continue to grow. It may solve big problems like climate change and health issues. Let's study AI and use it wisely.

Step 2　Supporting sentences（支持文）は，どこまで続きますか。□で囲みましょう。

Step 3　Concluding sentence（結論文）に，波線を引きましょう。

Step 4　書き手の言いたいこと（要点）は何ですか。日本語で書きましょう。

Chapter 4　読むことの「思考力，判断力，表現力」を育てる授業づくり＆ワーク　075

「要点」を捉える

07 要点を読み取る
//////////

| 対象 | 3年（1学期） | 時間 | 10分 | 言語材料 | 特になし |

　読むことは，単に英語を日本語に訳せるだけでなく，そこに書かれている内容をよく理解することにあります。書き手の言いたいことを読み取り，理解できて初めて文章を理解したと言えます。74ページの文章構成を意識させ，要点の読み取りにつなげます。

ねらい　書き手の主張を理解するために，文章構成を見抜き，要点を捉えることができる。

指導手順

生徒の学習活動	教師の指導／支援
「目的・場面・状況」を確認する。　　　　　　　　1分	○ワークシートを配り，状況を説明する。 　T：あなたは健康に関する記事を見つけ，読んでいます。
Step 1 ・英文を読み，Topic sentence と Concluding sentence に線を引く。 ・答え合わせをする。　　　　　　　　　　　　　　2分	○ Topic sentence/Concluding sentence に線を引かせる。 ○答え合わせをする。 　T：Topic sentence は，最初の文の Health is important for everyone. ですね。 　T：Concluding sentence はどうでしょう。最後の文，Taking care of our body and mind helps us live a happy and healthy life. が筆者の主張になりますね。
Step 2 ・文章構成ごとに要点を箇条書きで書く。　　　　　　　　2分	○文章構成に気づかせ，要点を箇条書きで書かせる。 　T：文章構成ごとに，要点を箇条書きでまとめましょう。 〔Supporting sentences〕（例） 　健康を維持するためには，バランスのよい食事や水分補給，運動，睡眠が必要である。同時に，気持ちも大事である。休養や睡眠，家族や友だちと過ごすとよい。
発展 ・質問に自分自身のこととして答える。　　　　　　　　5分	○要点を読んで，自分事として考えさせる。 　T：あなた自身のことで答えましょう。 　❶ Are you healthy? — Why do you think so? 　❷ What do you have to do to stay healthy?

Worksheet

要点を捉えよう！

Class（　　　　）Number（　　　　）Name（　　　　　　　　　　　　）

目的・場面・状況

あなたは，健康に関する記事を見つけ，それを読んでいます。記事の中で，書き手が伝えたいことは何でしょうか。文章構成を見抜き，要点を捉えましょう。

Step 1　Topic sentence に線を，Concluding sentence に波線を引きましょう。

Health is important for everyone. To stay healthy, we should eat a balanced diet and drink enough water. Regular exercise, like walking or swimming, keeps our hearts and muscles strong. Getting enough sleep is also important for our health. Health is not just about our body, but also about our mind. A healthy mind helps us live a happy life too. Resting and sleeping well at night helps us feel better. Spending time with family and friends can make us happy. If we feel sad or stressed, taking deep breaths or relaxing can help. Taking care of our body and mind helps us live a happy and healthy life.

Step 2　文章構成を見抜き，それぞれ何が書かれているのか箇条書きで書きましょう。

Topic sentence （話題の提示・主張）	
Supporting sentences （理由や具体例）	
Concluding sentence （要点やまとめ）	

発展　次の質問にあなた自身のことで答えましょう。

❶ Are you healthy? ── Why do you think so?

❷ What do you have to do to stay healthy?

Chapter 4　読むことの「思考力，判断力，表現力」を育てる授業づくり＆ワーク　077

まとめ

　読むことも，聞くことと同様に，「思考力，判断力，表現力等」のポイントは，「情報」「概要」「要点」となります。文章を読み，何が書かれているのか「情報」を取り出し，大まかな内容（概要）を捉え，筆者の伝えたいこと（要点）を適切（正確を含む）に理解することが，「思考力，判断力，表現力等」の育てたい力となります。

　「情報」を取り出す際は，65ページのように，「①転入生の名前は？，②出身地は？，③日本はどんな国だと言っていますか。」と尋ね，本文中から情報を取り出させるとよいです。また，情報には，浅い情報と深い情報がありますので，最初は浅い情報を捉えさせた後，深い情報へと発問を構成していくとよいでしょう。場合によっては，浅い情報はリスニングで行う場合もあります。また，取り出した情報は，英語で伝え合わせるのもよいです。

　「概要」は，大まかな内容であり，概要を他者に伝えることで，自らも文章を理解することができます。よく，「アウトプットは最良のインプット」「他者に伝えようとすることで，初めて人は，理解する」「他者に上手に伝えられて初めてよく理解する」等と言われます。英語の文章を理解するとは，単にそこに書かれていることを日本語に置き換えることができることではなく，文章をよりよく理解している状態にあります。私は，ある科学的な文章を読んでいた時に，日本語には変換できたのですが，その意味が分からず，近くの先生に尋ねると，書かれている内容の裏側を解説してくれて，やっとその文章の意味が分かったことがありました。その時に「文章を理解するということは，表面上の理解だけでなく，解釈することなんだなあ」と感じました。

　「要点」は，筆者の伝えたいことになります。本書でも，文章構成について載せていますが，構成を意識させることで，実は，話したり書いたりする際に，相手に分かりやすく伝えることができるヒントとなります。読むことで，文章構成に慣れさせておきましょう。

　最後に，右のレシピは何を作るためのものでしょうか。このようなものを生徒に与え，読ませ，考えさせ，必要な情報の読み取りから料理名を当てさせていくのもよいでしょう。その後，作り方の概要をペアで共有させていきます。このように，オーセンティックな教材も時々は与えていきたいです。

[Ingredients]
● Chicken thigh : 70-80g
● Onion : 1/4　*Sliced to a width of about 5mm.
● Egg : 1
● Mitsuba (Japanese parsley) : some
〔A〕● Water : 70g　● Dashinomoto : a little　● Soy sauce : 15g
　　● Mirin : 15g　● Sake : 5g　● Sugar : 3g

[Prepare the sauce] : In a small bowl, mix A and stir until the sugar dissolves.

[How to cook]
1　Heat a small frying pan over medium heat.
2　Add the sauce and sliced onion. Simmer for about 2-3 minutes until the onion softens.
3　Add the chicken and cook for 5-6 minutes, turning occasionally, until fully cooked.
4　Stir the egg only 3-4 times. By doing this, the finish will be beautiful.
5　Add egg.
6　Put the lid on and turn off the fire after 10 seconds.
7　Put out the fire
8　After extinguishing the fire, wait for 30 seconds with the lid kept.
9　After 30 seconds, remove the lid and Gently slide the chicken and egg mixture on top of the rice.
10　Finally, let's put on mitsuba.

Chapter 5

話すこと（やり取り）の
「思考力，判断力，表現力」を
育てる授業づくり＆ワーク

会話を継続し，伝え合う／即興で伝える

01 会話を継続させる
///////////

| 対象 | 1年（1学期） | 時間 | 10分 | 言語材料 | be動詞・一般動詞　他 |

「会話を継続させる活動」は，学習指導要領の「思考力，判断力，表現力等」の言語活動例にあげられています。会話を継続させていくためには，①繰り返し　②相づち　③つなぎ言葉④質問　⑤感想　等，教えて育てる必要があります。

ねらい　会話を円滑に行うために，繰り返しや相づち，つなぎ言葉，質問や感想などを加えながら，会話を継続し，自分の考えや気持ちを伝え合うことができる。

指導手順

生徒の学習活動	教師の指導／支援
「目的・場面・状況」を確認する。　　　　　　　　1分	○状況を説明する。 　T：会話がとぎれないように，話し続けましょう。
Step 1 ・Teacher's Talk を聞く。 ・様々な表現を知る。 ・ペアで fruit をテーマに話す。　　　　　　　　3分	○Teacher's Talk を行う。 　T：Hello, what is your favorite fruit? My favorite fruit is bananas.（写真）They are sweet. They are easy to eat. I just peel them, and I can take a bite. What is your favorite fruit?（S1：Strawberries.）Why do you like them?（S1：They are sweet.）How do you eat them? With milk and sugar? ○生徒同士の Small Talk で使えそうな表現を聞かせる。 ○生徒同士で1分間，Small Talk をする。
Step 2 ・ワークシートを受け取る。 ・会話を継続する方法を知る。　　　　　　　　4分	○ワークシートを配付する。 ○どのようにしたら，会話が続くか考えさせる。 ・どのように繰り返せばよいのか，教師の発言に繰り返させ，練習させる。相づちや感想，質問などにも触れる。
Step 3 ・会話が長く続くように，話す。　　　　　　　　1分	○fruit をテーマに1分間，会話が続くように話させる。 　T：では，もう1回やってみましょう。1分間続くように，やってみましょう。
発展 ・ペアで対話する。　　1分	○異なるテーマを与え，対話の継続性を図る。

Worksheet

会話を継続させよう！

Class（   ）Number（   ）Name（   ）

――――――――――― 目的・場面・状況 ―――――――――――

　あなたは，休み時間，友だちと英語で話をしています。会話を円滑に行うために，とぎれないよう，会話を継続させましょう。

今日のテーマ〔   〕

Step 1　ペアと1分間，話をしましょう。

Step 2　不適切な間を空けないために，次のような方法を使って会話を継続しましょう。

繰り返す	①単語で繰り返す。　A：I like apples.　　　B：**Apples?**
	②語句で繰り返す。　A：I have a big cat.　　B：**A big cat?**
	③文で繰り返す。　　A：I play badminton.　B：**You play badminton?**
相づちを打つ	□ I see.（分かりました）　□ Really?（本当？）　□ Me too.（私も） □ Me neither.（私も～でない）　□ Pardon?（もう一度言って） □ No kidding. / Are you kidding?（冗談でしょ）
つなぎ言葉を使う	□ Well...（えーと）　□ Let me see / Let's see.（えーと） □ I mean.（つまり／というか）　□ by the way（ところで） □ How can I say?（どう言ったらいいんだろう）
関連する質問をする	□ What fruit do you eat in summer? □ Can you ~?（～できますか）　□ How many ~?（いくつ） □ Where ~?（どこで）　□ Why ~?（なぜ）　□ When ~?（いつ）
感想を言う	□ Cool.（いいね）　□ That's good.（いいね） □ That sounds delicious.（美味しそうだね）

Step 3　ペアを替えて，もう一度，1分間，話をしましょう。

発展　他にも次のようなテーマで，1分間，対話を続けてみましょう。

sport　　music　　animals　　drink　　video game　　season　　sweets

「考えと理由」はセットで伝える

02 考えと理由をセットで伝える

///////////

| 対象 | 1年（2学期） | 時間 | 10分 | 言語材料 | 接続詞・不定詞（want to） 他 |

　全国学力・学習状況調査（令和5年実施）の問題では，考えに理由を付け足して答えることが定石となっています。理由を伝えようとすると必然的に生徒の思考は働きます。授業冒頭のSmall Talk活動を通じて，生徒に理由を付け足して言うことが習慣となるよう指導します。

ねらい 自分の考えをよりよく知ってもらうために，考えに理由を付け足して，くわしく伝え合うことができる。

指導手順

生徒の学習活動	教師の指導／支援
「目的・場面・状況」を確認する。 1分	○状況を説明する。 　T：Hello, what season do you like? I like summer because I have a long vacation. I have free time. 　Today, I want to know your favorite season.
Step 1 ・理由を付け足して話すことを理解する。 ・ワークシートを受け取る。 ・ペアで Small Talk をする。 ・ペアについて分かったことを，理由を添えて伝える。 5分	○生徒と対話し，好きな理由を引き出す。 　T：What season do you like?　　S1：I like summer. 　T：...... Why do you like summer?　S1：It's hot. ・生徒数名とやり取りした後，教師が意図して黙るようにすると，徐々に，生徒自ら理由を付け足すようになる。 ○ワークシートを配付する。 ○生徒同士で1分間，Small Talk を行わせる。 ・終わったら，ペアのことについて尋ねる。 　T：What season does your partner like? S1：He likes summer because ....
Step 2 ・尋ね方を知る。 ・好きなものと理由を伝え合う。 4分	○最初の尋ね方について考えさせる。 　T：相手がまんがが好きかどうか分からない時に，いきなり What comic books do you like?って，言ってもいいかな？ ○他のテーマで理由を付けて伝え合うことに慣れさせる。

Worksheet

考えと理由をセットで伝えよう！

Class（　　　　）Number（　　　　）Name（　　　　　　　　　　　）

───────────── 目的・場面・状況 ─────────────

　日本には四季があります。友だちは，どの季節が好きなのでしょうか。お互い尋ね合いながら，季節（season）について話をしましょう。

───────────────────────────────

Step 1 　季節（season）をテーマに，好きな理由も伝えながら，友だちと伝え合いましょう。分かったことをマッピング（メモ）していきましょう。

マッピング・メモ

Step 2 　様々な話題で，好きなものとその理由を伝え合ってみましょう。

●いきなり質問できる内容例

A：What subject do you like?
B：I like P.E. because it's fun.
A：What do you like about P.E.?
B：I can move my body.

●まずは「好きかどうか」尋ねる例

A：Do you like comic books?
B：Yes, I do.
A：What comic books do you like?
B：I like Doraemon. He always helps Nobita. I like their friendship.

subject	Japanese food	anime	TV drama	comic book
movie	drink	sport	fruit	Chinese food ... etc.

Chapter 5　話すこと（やり取り）の「思考力，判断力，表現力」を育てる授業づくり＆ワーク　083

くわしく伝える

03 くわしく伝え合う

対象　1年（3学期）　　時間　12分　　言語材料　過去形　他

　生徒には，答えたら黙るのではなく，できるだけくわしく話すようにさせていきます。「くわしく伝える」というのは，相手意識の現れとなります。相手からの質問を待つのではなく，主体的に会話するために，自ら情報を加えたり，話題を広げたりさせていきましょう。

　自分の考えや出来事，事実などをよりよく伝えるために，必要な情報を加え，くわしく伝え合うことができる。

指導手順

生徒の学習活動	教師の指導／支援
「目的・場面・状況」を確認する。　　　　　　　　1分	○状況を説明する。 　T：休日の過ごし方が話題になっています。
Step 1 ・くわしく話すことを理解する。 ・ワークシートを受け取る。 ・ペアで Small Talk をする。 　　　　　　　　　　4分	○生徒と対話し，くわしく伝えることを理解させる。 　T：What did you do last weekend? 　S1：I played soccer. 　T：Tell me more. 　S1：We had soccer games. ... We played it against Dai-ni JHS. ... We won the games. ○ワークシートを配付する。 ○生徒同士で1分間，Small Talk の1回目を行わせる。 ・Small Talk の様子を観察し，中間評価につなげる。
Step 2 ・他に伝えたかったことがなかったか，振り返る。　3分	○中間評価する。 　T：もう少し，くわしく伝えたいことはありましたか。 ・伝えたかったことを共有し，様々な表現について知る。
Step 3 ・ペアを替えて，先週末のことについてくわしく伝え合う。 　　　　　　　　　　2分	○生徒同士で1分間，Small Talk の2回目を行わせる。 　T：今度は前後のペアで，週末について，くわしく伝え合ってみましょう。 ・時間があれば，発展を行う。
発展 ・昨夜のことで伝え合う。2分	○テーマを変え，くわしく伝え合うことを行わせる。

Worksheet

くわしく伝え合おう！

Class（　　　　） Number（　　　　） Name（　　　　　　　　　　　　　）

目的・場面・状況

　学校での生活は，皆さん一緒に生活しているのでよく分かっていますが，家庭生活や休みの日の過ごし方はよく知りません。そこで，友だちの休日の過ごし方を伝え合い，友だちのことをよく知る機会としましょう。

Step 1　週末（weekend）にやったことを，できるだけ**くわしく**伝え合い，分かったことをマッピング（メモ）していきましょう。

マッピング・メモ

Step 2　もう少し，**くわしく**伝えたいこと，付け足したいことはありますか。

Step 3　ペアを替えて，週末について，**くわしく**伝え合ってみましょう。

発展　昨日の夜（last night）について，友だちと**くわしく**伝え合ってみましょう。

Chapter 5　話すこと（やり取り）の「思考力，判断力，表現力」を育てる授業づくり＆ワーク　085

くわしく伝える

04 夏休みの予定について尋ね合う

////////

対象 2年（1学期）　時間 15分　言語材料 未来形・不定詞（want to）他

「思考力，判断力，表現力等」の汎用的な技能として，「会話を続ける／質問する／理由を伝える／くわしく伝える」等の指導事項を，アクティビティを繰り返す中で，継続指導します。今回は，英語新聞の記事を書くために，友だちにインタビューする場面とします。

ねらい　夏休みの過ごし方を新聞記事にするために，友だちに様々な質問をしたり，くわしく尋ねたりして伝え合うことができる。

指導手順

生徒の学習活動	教師の指導／支援
「目的・場面・状況」を確認する。 ・教師の話を聞く。 ・教師とやり取りをする。 3分	○教師の夏休みについて話をする。 　T：It's July.　We'll have summer vacation in two weeks. What are you going to do this summer vacation?　I'm going to take a trip to Kagawa. ... ○生徒に夏休みの過ごし方を尋ねる。 　T：Do you have any plans for the summer vacation? S1：I'm going to the sea. ... 　T：Tell me more, please. S1：I'm going to the sea in Shizuoka.　I like swimming in the sea. I want to enjoy fireworks.
Step 1 ・ワークシートを受け取る。 ・右側に座っている生徒がインタビューをする。 ・左側に座っている生徒がインタビューをする。　6分	○ワークシートを配付する。 ・何を質問するか考えさせる時間を取ってもよい。 ○2分間のインタビュー時間を取る。 ・右側に座っている生徒にインタビューをさせる。 ・終わったら，左側に座っている生徒にインタビューをさせる。
Step 2 ・新聞記事を書く。　6分	○インタビュー内容を基に，新聞記事を書かせる。 　T：メモを見ながら，新聞の記事を書いてみましょう。

Worksheet

夏休みの予定について尋ね合おう！

Class（　　　　）Number（　　　　）Name（　　　　　　　　　　）

――――――― 目的・場面・状況 ―――――――

　待ちに待った夏休みがやってきます。新聞係のあなたはクラスメートの夏休みの過ごし方を特集の記事にするため，友だちに質問し，情報を集めています。

Step 1　　友だちの夏休みの過ごし方について，友だちにインタビューをしましょう。

　答える人は，質問に答えたら，くわしく情報を伝えることを忘れないようにしましょう。

　インタビューをする側は，様々な質問をして，情報を集めましょう。

Step 2　　友だちの夏休みについて記事を書いてみましょう。

Interview with（　　　　　　　　　　　　　　）.

〔インタビュー〕 ――――――――――――――――――――――――――

A：Thank you very much for this interview.

　　Do you have any plans for summer vacation? What are you going to do?

B：I'm going to visit my uncle. He lives in Yamagata.

　　I always go to his house in the summer. ←くわしく言う

A：When are you planning to go to his house?

B：I'll go there in August. I'll play *shogi* with my uncle. ←くわしく言う

A：What else will you do? ...

Chapter 5　話すこと（やり取り）の「思考力，判断力，表現力」を育てる授業づくり＆ワーク　087

くわしく伝える／「考えと理由」はセットで伝える

05 職場体験先をアドバイスする

| 対象 | 2年（2学期） | 時間 | 15分 | 言語材料 | 動名詞・不定詞（名詞的用法） |

職場体験は，キャリア教育の一環としての重要な活動になります。目的をもって学習に取り組むため，将来の夢について気づかせることは，大切です。生徒はどのようなことに興味があって，どのようなことを学びたいのか，職場体験の一覧を見ながら，友だちと伝え合います。

ねらい
友だちにぴったりな職場体験先を探すために，様々な質問をしたり，くわしく尋ねたりして，友だちの興味関心を知り「いいね」がもらえるよう提案することができる。

指導手順

生徒の学習活動	教師の指導／支援
「目的・場面・状況」を確認する。 1分	○ワークシートを配り，状況を説明する。 　T：職場体験で悩んでいる友だちにアドバイスをします。
Step 1 ・友だちに合うぴったりな職場を探す。 ・役割を交代する。 5分	○ぴったりな職場を探すために，やり取りをさせる。 　T：友だちにぴったりな職場を探します。色々な質問をしながら，2分間でよい職場を見つけてあげましょう。 ○2分後，役割を交代させる。
Step 2 ・表現を知る。 　　　　　　　　　5分	○中間評価する。 ・生徒が使っていてよい表現や質問，友だちの良さを伝えている様子などを取り上げる。 （例）What are you interested in? 　　　Do you want to help people? 　　　What do you enjoy doing in your free time? 　　　You are a positive person. 　　　What do you think of working at a police station?
Step 3 ・友だちに合うぴったりな職場を探す。 3分	○ぴったりな職場を探すためにやり取りをさせる。 ・席を1つ移動し，友だちに合う職場を絞り込み，提案させる。考えに理由を加え，伝えるようにする。
ふり返る。 1分	○どんな職場を紹介してもらったのかふり返らせる。

Worksheet

友だちにぴったりな職場体験先を探そう！

Class（　　　　）Number（　　　　　）Name（　　　　　　　　　　　　）

──────── 目的・場面・状況 ────────

　あなたの学校では，職場体験学習があります。あなたの友だちは，どこに行こうか悩んでいて，あなたにアドバイスを求めています。

──────────────────────────────

Step 1　友だちとやり取りをしながら，友だちにぴったりな職場を紹介しましょう。

〔職場体験の一覧〕

☐ Hospital　　☐ Station　　☐ Department Store　　☐ School　　☐ Kindergarten

☐ Dental Clinic　　☐ Restaurant　　☐ Hamburger Shop　　☐ Library　　☐ Bank

☐ Post Office　　☐ City Hall　　☐ Hotel　　☐ Farmer　　☐ Game Shop

☐ Coffee Shop　　☐ Photo Shop　　☐ Clothes Shop　　☐ Police Station

☐ Fire Station　　☐ Car Company　　☐ Zoo　　☐ Flower Shop

☐ Others（　　　　　　　　　　　　　　）

Step 2　どんな質問をしましたか。また，どんなことを確認するといいですか。

```
┌─────────────────────────────────┐
│                                 │
│                                 │
│                                 │
│                                 │
│                                 │
└─────────────────────────────────┘
```

Step 3　ペアを替え，友だちに合う職場を紹介していきましょう。
　　　　　「いいね」がいくつもらえるかな？

いいね

〔ふり返り〕────────────────────────

★どんな職場を紹介してもらいましたか。（　　　　　　　　　　　　　　　　）

★どの職場があなたにはぴったりですか。（　　　　　　　　　　　　　　　　）

Chapter 5　話すこと（やり取り）の「思考力，判断力，表現力」を育てる授業づくり＆ワーク　089

「考えと理由」はセットで伝える

06 一番大切な学校のルールを考える

対象 3年（1学期）　時間 16分　言語材料 助動詞・比較表現

通常，事実を尋ねるやり取りはよく会話で行われますが，生徒の考えは，なかなか意図しなくては引き出すことができません。生徒から考えを引き出すためには，異なる答えが出てくるような話題を見つけるとよいでしょう。

ねらい 学校のルールで大切なものに優先順位を付けるために，自分の考えに理由を付けて伝え合うことができる。

指導手順

生徒の学習活動	教師の指導／支援
「目的・場面・状況」を確認する。　　　　　　1分	○ワークシートを配り，状況を説明する。 　T：学校のルールについて話し合っています。
Step 1 ・学校にはどんなルールがあるのか出し合う。 　　　　　　　　　　5分	○学校のルールを出させる。 ・できるだけ9つ以上，出るようにする。 （例）We must come to school by 8:20. 　　　We must not bring our mobile phones to school. 　　　We must study hard. We must not bully anyone.
Step 2 ・重要なルールを順位付ける。理由を付けて話し合う。 ・ダイヤモンドランキングを作り，重要度を話し合う。 　　　　　　　　　　7分	○重要なルールを順位付けさせる。 　T：What is the most important rule? 　S1：I think "We must be kind to students." is the most important. 　T：Why do you think so? 　S1：If we are all kind, we want to come to school. ○ダイヤモンドランキングを作成させる。 　S1：Which is more important, ... or ...? 　S2：I think ... is more important.
Step 3 ・結果を共有する。　　　3分	○ダイヤモンドランキングを基に考えを発表させる。 　T：前後のペアで，自分たちの考えを発表しましょう。

Worksheet

一番大切なルールは？

Class（　　　）Number（　　　）Name（　　　　　　　　　　　）

目的・場面・状況

あなたは先日，小学校に行って，中学校生活について話をしました。そこで，中学校のルールについて「一番大切なルールは何ですか」と質問されました。うまく答えられなかったあなたは学校に戻り，友だちと学校のルールについて話し合っています。

Step 1 どんな学校のルールがあるか友だちと話し合ってみましょう。

Step 2 ルールの重要度を話し合い，学校のルールのダイヤモンドランキングを作ってみましょう。

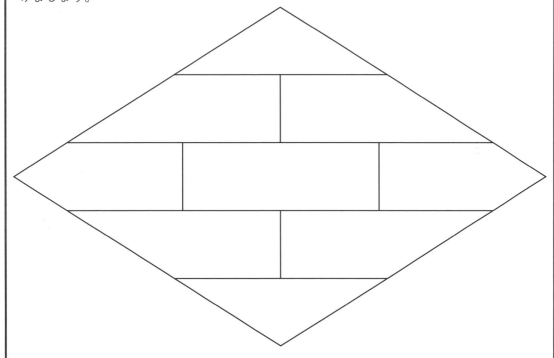

Step 3 ダイヤモンドランキングを見せ合いながら，大切だと思うルールについて，違うペアに説明しましょう。

Chapter 5 話すこと（やり取り）の「思考力，判断力，表現力」を育てる授業づくり＆ワーク　091

内容を整理して伝える

07

まんがやドラマ，映画について伝え合う

////////

| 対象 3年（2学期） | 時間 25分 | 言語材料 関係代名詞 他 |

伝えようとすることの内容を整理して話すことは，大切な技能です。基本的には，Topic sentence → Supporting sentences → Concluding sentence の順番を意識させるとよいです。内容を整理させるために，考える時間（Thinking Time）を必要に応じて取らせます。

ねらい 好きなまんがやドラマ，映画等を相手が見たいと思ってもらえるように，伝えようとする内容を整理し，伝え合うことができる。

指導手順

生徒の学習活動	教師の指導／支援
「目的・場面・状況」を確認する。 1分	○ワークシートを配り，状況を説明する。 　T：あなたは友だちと英語で映画等の話をしています。
Step 1 ・昔話を1文で伝える。 　　　　　　　　　8分	○昔話を関係代名詞を用いて1文で説明させる。 （例）桃太郎 It's a story about a boy who went to *onigashima* to beat devils.
Step 2 ・好きなまんが等について，先生の質問に答える。 ・お勧めのまんが等をマッピングしながら，伝える内容を整理する。　　5分	○好きなまんが等について，生徒に尋ねる。 　T：What is your favorite comic book? 　S1：My favorite comic book is *Oshino-ko*. 　T：What's the story about? 　S1：It's a story about children who want to take revenge on the people who killed their mother. 　T：What do you like about the comic? 　S1：I like the story. It gives me courage. ・Who is the main character? 等登場人物も確認したい。 ○お勧めのものをマッピングさせ，内容を整理させる。
Step 3 ・友だちとやり取りをする。 　　　　　　　　　3分	○ペアでお勧めのものを紹介し合わせる。 ・最後に，I recommend that you should read the comic. などのように伝えるとよいことを指導しておく。
発展 ・お勧めのものを書く。　8分	○話したことを基にお勧めのものを英語で書かせる。

Worksheet

友だちに勧めたいまんがやドラマは？

Class（　　　　）Number（　　　　）Name（　　　　　　　　　　　　）

目的・場面・状況

　あなたは友だちと話をしていて，まんがやテレビドラマ，映画，音楽などの話題になりました。あなたの好きなまんがやドラマ，映画，音楽は何ですか。友だちに勧めましょう。

Step 1　海外の外国人から，次の物語について，どんな話なのか（What is the story about?）質問されました。あなたなら，どのように伝えますか。

　①桃太郎　　　②浦島太郎　　　③かぐや姫　　　④シンデレラ　　　⑤白雪姫

Step 2　あなたの好きなまんがやドラマ，映画，音楽などについて，友だちに勧めようと思います。どのように説明しますか。マッピングしながら，伝える内容を整理しましょう。

Step 3　マッピングを見せながら，お互いのお勧めのものを英語で伝え合いましょう。

発展　あなたのお勧めのものを，英語で書いて伝えましょう。

Chapter 5　話すこと（やり取り）の「思考力，判断力，表現力」を育てる授業づくり＆ワーク　093

まとめ

　小学校で英語の授業が始まってから，生徒同士の英語でのやり取りがやり易くなったような感じがします。しかしながら今は過渡期であり，生徒同士のやり取りが安定してくるのは，次の学習指導要領あたりではないかと思います。そこで，次期学習指導要領を見据えて，生徒が自由自在に表現できるよう育てていくためには，意図的・明示的な指導が必要です。授業冒頭での Small Talk を中心に，生徒の英語での「やり取り力」を育てていきたいです。

　やり取り指導のポイントは，その根底に「相手意識」があります。自分の話を相手にうまく伝え，相手の話をうまく受け取るためには，必然的に，「くわしく伝える」ということが指導事項になります。

　例えば，ただ，I went to Tokyo. と言うだけでなく，相手の身になって，相手に質問したいと思わせないように，くわしく説明をしていきます。「東京に行った」と言えば，相手は，（え？なんで行ったの？）と思うはずです。そこで，I saw my cousin. と付け足します。すると，（ああ，いとこに会いに行ったんだな）と思います。でも，相手はまだモヤモヤ感があると思います。（何をして遊んだのかな？）と興味を示すでしょう。そこで，We saw a movie. We saw …. と，付け足し，最後に，その映画の「感想」を言えば，おおよそ理解してくれるかと思います。

　また，自分のことだけを語るのではなく，How about you? What did you do last weekend? と，相手にも同じように尋ねることも，大事な「相手意識の現れ」です。話すだけ話して，相手に尋ねないと，相手は（私には興味がないのかな？）と思うでしょう。

　「思考力，判断力，表現力等」には，「目的や場面，状況など」も必要です。本書では紹介しきれませんでしたが，様々な「目的や場面，状況」を設定できます。例えば，「あなたは，英語の授業で知り合ったオーストラリアの中学生 Mike 君に，何か贈り物を送ろうと思います。日本に興味があり，いつか日本に来たいと言っています。どんなものがいいか，友だちと相談し，贈り物を決めましょう」としてもいいですし，「ALT が夏休みに日本全国を旅したいと言っています。あなたが行ったことのある場所で，ここが良かったという所をその良さを含め，紹介しましょう」と，目の前の ALT にプレゼンをするのでもいいです。

　さらに，「表現方法を教えていく」ことも大事です。例えば，言おうと思ったことが言えない時に，別の表現で伝えることも，「思考力，判断力，表現力等」です。「通学路，生年月日，日課，通知表」などの語句を与え，それをペアに説明し，うまく伝えることができたか，説明した語句が何か答えてもらえば，伝わったかどうか分かります。

　学校で勉強するということは，部活動でいうところの大会ではなく，練習や練習試合です。英語でのやり取りは，練習試合です。習った「知識及び技能」を活用して，目的や場面，状況などに応じて，使いながら，既習事項の活用法を学ばせていきます。

〔参考文献〕瀧沢広人（2024）.『Small Talk で使える！トピック別・中学生のためのすらすら英会話』（明治図書）

Chapter 6

話すこと（発表）の
「思考力，判断力，表現力」を
育てる授業づくり&ワーク

内容を整理して伝える

01 思考ツールを活用し，伝えたいことを整理する

/////////

対象　1年（1学期）　　時間　10分　　言語材料　be動詞・一般動詞　他

> 　人前で発表する時には，「声量」「ジェスチャー」「目線」が大事です。相手に届く声量で話すことは，「相手意識の現れ」となります。また，適度で自然なジェスチャーの活用も伝えようと思う気持ちの現れになります。話し手も聞き手も相手の方を見る「目線」は大事です。

ねらい　自分のことをよりよく知ってもらうために，伝える内容を整理し，自分の良さや特徴等を印象付けるように発表することができる。

指導手順

生徒の学習活動	教師の指導／支援
「目的・場面・状況」を確認する。　　　　　　　　1分	○ワークシートを配り，状況を説明する。 　T：あなたは，クラスの前で自己紹介をします。
Step 1 ・伝えたい内容を整理する。 　　　　　　　　　　3分	○伝える内容を考えさせる。 　T：あなた自身の何を友だちに伝えたいですか。クマデチャートに，紹介したいことを4つ書いてみよう。 （例） 　　　　あなた　／①名前 　　　　　　　／②誕生日 　　　　　　　／③好きな物（スポーツ／食べ物／ゲーム） 　　　　　　　／④できること
Step 2 ・ペアで自己紹介をする。 　　　　　　　　　　6分	○ペアで自己紹介の練習をさせる。 ・声量，ジェスチャー，目線等，相手意識に留意させる。 ・ペアを替えて複数回行わせる。 ・相手意識について自己評価させ，確認させる。 　T：相手の目を見て話せましたか。 Ss：（手を挙げる）
発展 ・全体の前で自己紹介をする。 　　　　　　　　（40分）	○自己紹介をさせる。 ・2時間扱いにし，次時を発表会にしてもよい。

096

Worksheet

自己紹介タイム：わたしはこんな人です

Class（　　　）Number（　　　）Name（　　　　　　　　　　）

―――――――――――　目的・場面・状況　―――――――――――

　あなたは，クラスの前で自己紹介をしようとしています。自分のことをよく知ってもらえるように，伝える内容を考えて発表しましょう。

Step 1　あなた自身の何を友だちに伝えたいですか。クマデチャートに，紹介したいことを4つ書いてみましょう。

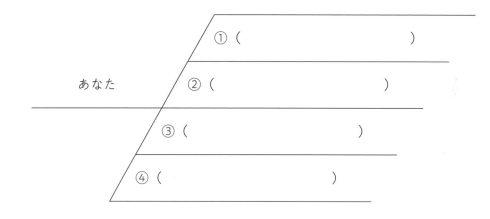

Step 2　相手意識を大事にし，ペアで自己紹介をしましょう。

〔話し手〕

声量	相手に届く声
ジェスチャー	適度に，自然なジェスチャーを用いる。
目線	相手の方を見て話す。

〔聞き手〕

うなずく	理解を示すために，うなずいたりする。
反応する	発言を繰り返したり，相づちを打ったりする。
目線	相手を見て聞く。

発展　クラスの前で自己紹介をしましょう。

「情報」を伝える

02 聞いた内容を他者に伝える

対象　1年（2学期）　　時間　10分　　言語材料　三人称単数現在形　他

「他者を紹介できる」ことも，「思考力，判断力，表現力等」の力です。学習指導要領には，「伝えようとする内容を整理し，自分で作成したメモなどを活用しながら相手と口頭で伝え合う活動」とあります。日常の Small Talk の延長で，他者に伝える活動につなげましょう。

ねらい　友だちのことをよく知ってもらうために，聞いた情報を他者に発表することができる。

指導手順

生徒の学習活動	教師の指導／支援
「目的・場面・状況」を確認する。　　　　　　　　　1分	○ワークシートを配り，状況を説明する。 T：友だちの良さに気づき，それを他の友だちに伝えます。
Step 1 ・Teacher's Talk を聞き，メモを取る。 ・メモを基に，どんな話であったのか英語で伝え合う。 　　　　　　　　　3分	○ Teacher's Talk をする。 T：I'll talk about myself. Take notes on your worksheet. I'll begin. T：What do you do after school? I leave school at 6 pm. I go home at 6:30. I take a bath and have dinner. I watch TV. I like TV dramas. I read a book. I like reading very much. I study English before going to bed. I usually go to bed at 11. ○ペアで先生の話を英語で伝え合わせる。
Step 2 ・ペアで Small Talk をする。 ・相手の話を聞きながら，メモをしたり，積極的に質問したりする。　　　　　　3分	○ペアで，Small Talk を行わせる。 ・テーマは，「果物」や「食べ物」，「週末の過ごし方」など，簡単なテーマを与え，伝え合わせる。 T：Make pairs and talk about your life after school.
Step 3 ・前後のペアで友だちを紹介する。　　　　　　　3分	○前後でペアを組ませ，友だちを紹介させる。 T：今，Small Talk をして，友だちのことで分かったことを，前後のペアで発表し合いましょう。

Worksheet

友だちトークで発見！　新しい一面

Class（　　　　）Number（　　　　）Name（　　　　　　　　　　）

目的・場面・状況

　あなたは友だちと話をしていると，あなたの知らない一面が見えてきました。そこで，友だちのことをあまりよく知らない人に，友だちの良さや特徴を伝えようと思います。

Step 1　先生の話を聞きながら，話の内容をマッピング（メモ）しましょう。
　　　　　その後，マッピング（メモ）を基に，先生のことを英語で伝え合いましょう。

マッピング・メモ

Step 2　友だちと Small Talk をします。その内容をマッピング（メモ）しましょう。

マッピング・メモ

Step 3　前後のペアで，友だちを紹介し合いましょう。

Chapter 6　話すこと（発表）の「思考力，判断力，表現力」を育てる授業づくり＆ワーク　099

内容を整理して伝える

03 冬休みの出来事をクラスで発表する

/////////

| 対象 | 1年（3学期） | 時間 | 45分 | 言語材料 | 過去形　他 |

プレゼン資料を作成し発表することも，「思考力，判断力，表現力等」として育てておきたい技能です。伝えようとすることの内容を整理して，写真やイラスト等の視覚情報を効果的に用いさせます。冬休み前に予告をしておき，写真等を準備しておくとよいでしょう。

ねらい　冬休みの出来事をクラスのみんなの前で分かりやすく伝えるために，伝えようとする内容を整理し，プレゼン資料を作成し，発表することができる。

指導手順

生徒の学習活動	教師の指導／支援
「目的・場面・状況」を確認する。　　　　　　　　1分	○ワークシートを配り，状況を説明する。 　T：冬休みの出来事をクラスの前で発表します。
Step 1 ・Teacher's Talk を聞く。 　　　　　　　　　　　　4分	○Teacher's Talk をする。 　T：How was your winter vacation?　Did you have fun?　I had a great vacation.　I'll tell you three things.　On Christmas Day, we ate cake and chicken.　I gave a present to my wife.　This is the present.　She wanted a bag, so I bought it.（中略）I want to work much harder this year. ・最後に新年に向けての一言を添える。
Step 2 ・冬休みの出来事をマッピングして整理する。　　10分	○マッピングさせ，冬休みの出来事について考えさせる。 （例）①一言でどんな冬休みであったのか。 　　　②伝えたい出来事は何か。　③新年の目標は？
Step 3 ・スライドを作成しながら，伝え方を考える。　　30分	○スライドを作成させる。 　T：スライドを作成しながら，どんなことをみんなに伝えたいか考えましょう。
後日 ・発表する。	○毎時間2名ずつ発表させたり，各班でタブレットを用い発表し，班の代表者を1名決め，クラスの前で発表したりさせる。

100

Worksheet

冬休みの思い出アルバム

Class（　　　　）Number（　　　　）Name（　　　　　　　　　）

目的・場面・状況

　冬休み明け，あなたのクラスでは，英語の授業で冬休みの過ごし方について発表会を行うことになりました。友だちの冬休みの様子を知る機会とし，新年の目標も語り合います。

Step 1　先生の冬休みの出来事の話を聞きましょう。

Step 2　あなたの冬休みはどうでしたか。どんなことをして過ごしましたか。マッピング（メモ）しながら，伝えたいことをしぼりこんでいきましょう。

マッピング・メモ

Step 3　スライドを作成しながら，冬休みの出来事を伝える英文を考え，メモしましょう。

Chapter 6　話すこと（発表）の「思考力，判断力，表現力」を育てる授業づくり＆ワーク　101

内容を整理して伝える／良さや魅力を伝える

04 友だちの良さを伝える
/////////

| 対象 | 2年（1学期） | 時間 | 15分 | 言語材料 | 過去形・未来形　他 |

　生徒会役員に立候補した友だちのために応援演説をする場面設定です。友だちの良さや特徴，性格などを体験談を織り交ぜながら，その人となりを紹介します。大会等で良い成績をとったことを過去形を用いて伝えたり，He will win the next match. など未来形も使えます。

ねらい　生徒会役員に立候補した友だちが当選するよう，友だちの良さや特徴，性格，特技等が効果的に伝わるよう，内容を整理して発表することができる。

指導手順

生徒の学習活動	教師の指導／支援
「目的・場面・状況」を確認する。　　　　　　　　1分	○ワークシートを配り，状況を説明する。 　T：友だちが当選するような応援演説を考えましょう。
Step 1 ・マッピングしながら，友だちの良さや特徴，性格等を整理する。 ・具体的に行動なども入れるようにする。 　　　　　　　　10分	○友だちを1人選ばせ，伝えたい内容をまとめさせる。 ・マッピングさせながら，友だちの良さ等を整理させる。 （例）良さや特徴　talk with many people/help/clean 　　　性格　　honest/diligent/smart/kind/positive/funny/ 　　　　　　clever/work for others/responsible 　　　特技　　be good at ~/can ~/be a good ...er ・具体的な行動も理由付けで入れるとよい。 （例）He works for others. I sometimes ask him for a help, and he always helps me. He is very kind.
Step 2 ・応援演説をする。 　　　　　　　　4分	○ペアにし，応援演説をさせる。 ・黒板に向かって右側にいる生徒を立たせ，応援演説をさせる。 ・終わったら，聞いた感想を言わせる。 ・左側にいる生徒を立たせ，応援演説をさせる。
発展 ・クラスの前で応援演説をし，発表する。　　　（40分）	○クラスの前で応援演説会を開かせる。 ・実際に教室に友だちがいれば前に出させる。他クラスの生徒であれば，写真をスライドで提示する。

102

Worksheet

○○のここがすごい！ 生徒会の応援演説！

Class（　　　　）Number（　　　　　）Name（　　　　　　　　　　　）

――――――― 目的・場面・状況 ―――――――

　あなたは海外のインターナショナルスクールに通っています。あなたの日本人の友だちは，生徒会役員に立候補しています。そこであなたは，友だちから応援演説を頼まれました。友だちが当選するように応援演説をします。

Step 1　　あなたの友だち1人を選び，その友だちの応援演説を考えるために，マッピングしながら，伝える内容を考えましょう。

Step 2　　ペアで，友だちの応援演説を英語でやってみましょう。

（例）Hi, my name is ....　I'm a supporter of Kenta.

　　　Look at Kenta.（友だちの良さを伝える）……

　　　…………………………………

　　　Give him your honest, clean vote!

発展　　友だちの応援演説を聞いて，感想を伝えましょう。

Chapter 6　話すこと（発表）の「思考力，判断力，表現力」を育てる授業づくり&ワーク　103

内容を整理して伝える

05 ヒントクイズを作って発表する
//////////

対象 2年（2学期） 時間 25分 言語材料 不定詞 他

> 生徒はクイズやなぞなぞ等，当てっこが好きです。今回は，外国人の小学校1～2年生を相手にクイズをするという場面で，生徒に言語使用を促します。ヒントを出す順番を工夫し，相手の反応を見ながら，クイズを出していきます。

ねらい 外国人の小学校1～2年生を相手にクイズを出すために，興味をもってもらえるようにヒントを出す順番を考え，クイズを発表することができる。

指導手順

生徒の学習活動	教師の指導／支援
「目的・場面・状況」を確認する。　　　　　　　　1分	○ワークシートを配り，状況を説明する。 ・海外の小学校1～2年生を相手にクイズを出す場面であることを伝える。
Step 1 ・ヒントクイズに答える。 4分	○ヒントクイズに答えさせる。 ・次のような表現を板書し，既習事項を強調する。 　It is something **to eat**.　（不定詞の形容詞的用法） 　We love **to eat** it in summer.（不定詞の副詞的用法） 　**There are** many books here.（There is / are） 　You **must** be quiet in this place.（助動詞）
Step 2 ・ヒントクイズを作る。 8分	○ヒントクイズを作らせる。 ・既習事項が適切に使えているかどうか机間指導する。 ・近くの生徒には，答えが分からないように言っておく。
Step 3 ・クイズを出す。 8分	○4人班を作り，クイズ大会を行わせる。 ・相手は小学校1～2年生として行わせる。 （例）Today I'll give you some hint quizzes. 　　　Let's play and enjoy the quizzes.　Quiz No.1...
発展 ・各班が発表する。　　4分	○各班にクラス全体の前で発表させる。 ・班員で言うヒントを割り振らせる。

Worksheet

クイズ大会をしよう！

Class（　　　　）Number（　　　　）Name（　　　　　　　　　　　）

───── 目的・場面・状況 ─────

　あなたは，日本にあるインターナショナルスクールに，１日訪問することになりました。小学校１～２年生のクラスに入り，15分間何か話してほしいと言われました。そこであなたのグループは，クイズを出して遊ぶことになりました。

Step 1　次のクイズに答えてみましょう。何番目のヒントで分かったかな？

	問題 1	問題 2
Hint 1	There are many books here.	It is something to eat.
Hint 2	You must be quiet in this place.	We love to eat it in summer.
Hint 3	We go there to study or read.	It's a fruit.
Hint 4	We can borrow books here.	It is big and round.

Step 2　クイズを２つ作りましょう。

	問題 1	問題 2
Hint 1		
Hint 2		
Hint 3		
Hint 4		

Step 3　相手が小学校１～２年生の外国人と想定して，班でクイズを出し合いましょう。

発展　班でクイズを１つ選び，発表しましょう。

Chapter 6　話すこと（発表）の「思考力，判断力，表現力」を育てる授業づくり＆ワーク　105

内容を整理して伝える／説明する

06 理想の AI ロボットを考える

//////////

対象　3年（1学期）　時間　25分　言語材料　It for to・can　他

AI は，今後の生活では欠かすことができなく，AI と共存する世の中になってきています。今までは不可能だと思われたことも，実現可能な時代になっています。そこで，生徒に「理想な AI ロボット」を考えさせ，その良さや特徴等を適切に発表する力を育てていきます。

ねらい　「理想の AI ロボット」を提案するために，伝える内容を整理し，その良さや特徴等が伝わるように発表することができる。

指導手順

生徒の学習活動	教師の指導／支援
「目的・場面・状況」を確認する。 1分	○ワークシートを配り，状況を説明する。 ・社内のロボット開発部の一員として，AI ロボットの開発をすることになったことを伝える。
Step 1 ・Small Talk を行い，理想の AI ロボットのアイデアをブレーンストーミングする。 3分	○ペアで理想の AI ロボットについて話し合わせる。 　T：What is your ideal AI robot? 　　Let's talk about your ideal AI robot. 　　Make pairs. Let's start. ・時間を 1 〜 2 分間取り，自由に話させる。
Step 2 ・理想の AI ロボットをマッピングして整理する。 6分	○マッピングし，理想の AI ロボットを考えさせる。 （例）　①特徴や良さは何か。 　　　　②どんなことができるのか。 　　　　③大きさや形は？
Step 3 ・理想の AI ロボットを描きながら，どんなことを伝えるか考える。 ・発表する。 15分	○AI ロボットの絵を描かせる。 　T：AI ロボットの絵を描き，ロボット開発部の仲間に提案しましょう。 ○発表させる。 ・発表が終わったら，質問をする時間を確保する。 ・最後に，書かせてもよい。

106

Worksheet

理想の AI ロボットは？

Class（　　　　）Number（　　　　）Name（　　　　　　　　　　　　）

目的・場面・状況

　AI の発展は想像以上の勢いで進んでいます。あなたはある会社のロボット開発部に勤務しています。来週までに理想の AI ロボットを外国人の前で提案しなくてはいけません。

Step 1　理想の AI ロボットについて，英語で友だちとブレストしましょう。

＊ブレスト＝自由に考えを言いながら，アイデアを見つけること。

Step 2　理想の AI ロボットについて，その特徴や良さ，どんなことができるのか等をマッピングしながら，アイデアを整理しましょう。

理想の AI ロボット

Step 3　AI ロボットの絵を描き，ロボット開発部の仲間に提案しましょう。

〔メモ〕

Chapter 6　話すこと（発表）の「思考力，判断力，表現力」を育てる授業づくり＆ワーク　107

内容を整理して伝える／「構成」を考えて伝える

07 日本を紹介する CM を作る

対象　3年（3学期）　　時間　40分　　言語材料　間接疑問文　他

> コミュニケーションの根底には，伝えたい内容が最初にあります。「日本のことを外国の人に伝えるとしたら何を取り上げるか」「どのように伝えるか」は生徒に考えさせたい話題です。1分間という制限を設けることで，伝えたい内容を精選することができます。

ねらい　外国人向けに"日本"を伝えるための題材を選び，その物の特徴や魅力を知ってもらえるよう，必要な表現を選択し，1分間の CM を作り発表することができる。

指導手順

生徒の学習活動	教師の指導／支援
「目的・場面・状況」を確認する　　　　　　　　　1分	○ワークシートを配り，状況を説明する。 ・紹介したい"日本"の1分間 CM を作ることを確認させる。
Step 1 ・どんな日本文化や名所があるか英語で話し合う。 　　　　　　　　　　　3分	○日本についての Small Talk をする。 （例）富士山，けん玉，お年玉，初詣，節分，寿司，相撲，お祭り，着物，歌舞伎，花見，温泉，まんが，カラオケ等
Step 2 ・紹介したい"日本"を整理する。 　　　　　　　　　　　4分	○紹介したい"日本"を1つ選ばせ，マッピングしながら，伝えたい内容を整理させる。 ・伝えたい内容を3，4つに絞らせる。
Step 3 ・CM の原稿を作成する。 　　　　　　　　　　　10分	○〔はじめ〕―〔中〕―〔おわり〕の構成に気をつけさせる。 （例）Hello, everyone. Do you know what this is? Yes! It is Mt. Fuji. It is the highest mountain in Japan. It's beautiful! Do you know where it is? Look! It's on the border of Yamanashi and Shizuoka. It's two hours from Tokyo. You can see a nice view from the top. After climbing, you can enjoy a hot spring and get relaxed. Please enjoy it!
Step 4 ・CM を作る。　　　　22分	○スライドで写真を提示し，CM を作らせる。 ・後日，発表会またはタブレットに録画させ，共有させる。

108

Worksheet

海外へ！　日本を伝える１分間 CM を作ろう！

Class（　　　　）Number（　　　　）Name（　　　　　　　　　　）

目的・場面・状況

　あなたは，日本親善大使として，海外の人たちに日本を紹介する役を担うこととなりました。そこで１分間の紹介したい "日本" の CM を作ります。

Step 1　日本にはどんな文化や名所がありますか。ペアで英語で話し合ってみましょう。

Step 2　あなたが伝えたい日本をマッピング（メモ）し，伝える内容を整理しましょう。

マッピング・メモ

Step 3　紹介文を書いてみましょう。

はじめ	
中	
おわり	

Step 4　１分間の CM を作りましょう。

Chapter 6　話すこと（発表）の「思考力，判断力，表現力」を育てる授業づくり＆ワーク　109

まとめ

「発表」には，準備のある発表と，準備のない発表があります。準備のある発表は，予めテーマが与えられ，どのように話すのかを考える時間があるものであり，準備のない発表とは，その場でテーマが提示され，それについて即興的に話すものを指します。

準備のない発表では，例えば，Please tell me about 〜. と言って，その場で，伝えさせれば，即興的な発表が可能です。また，トピックカードを用意しておき，与えられたトピックで，ペアやグループ内で，Topic Conversation をさせたりします。

【トピック（例）】

My favorite sport	The place I want to visit	Plans for the weekend
TV drama	My school life	Season
Fast food	Comic book	Movie
School lunch	Hobby	My favorite food
My morning routine	Shopping	Things what you want
Restaurant	Sweets	My friends

準備のある発表で，指導したいことは，内容を整理して，まとまりのある発表をすることです。マッピング等で，伝えたいことのアイデアを出させ，その後で，どの話題を話すか選択させ，自分が伝えたい主張や考えを明確にさせます。その際，次の流れを意識するようにします。次の型を学ばせます。

①話題・伝えたいこと，結論の提示（Topic sentence）

②理由や具体例，経験や体験（Supporting sentences）

③結論・主張（Concluding sentence）

この型で考えることで，論理的な話の展開を可能にします。

また，この型が身に付けば，準備のない発表でも，即興的に話を組み立てることができるようになってくると考えます。

なお，生徒の考えを引き出すために，次のようなディスカッションテーマも有効です。この時も，上記①〜③の流れで話させるとよいでしょう。

【ディスカッションテーマ（例）】

It is important for us to study English.	What do you think of "Online shopping"?
What season is the best to travel to Japan?	We should read a newspaper.
Which do you like better, E-books or paper books?	Students must not bring smartphones to school.
School lunches are better than boxed ones.	What do you think of "Eating fast food"?

Chapter 7

書くことの
「思考力，判断力，表現力」を
育てる授業づくり&ワーク

内容を整理して伝える／良さや魅力を伝える

01 メッセージカードで自分を伝える
/////////

対象　1年（1学期）　時間　20分　言語材料　be動詞・一般動詞　他

　自己紹介における一番のねらいは，自分のことをよりよく知ってもらうということでしょう。つまり，その人の「人となり」を理解してもらうことです。そのためには，自分の良さや特徴を知っている必要があります。それが，自己肯定感や自己有能感につながります。

ねらい　自分のことをよりよく知ってもらうために，伝える内容を整理し，自分の良さや特徴等を印象付けるようメッセージカードを書くことができる。

指導手順

生徒の学習活動	教師の指導／支援
「目的・場面・状況」を確認する。 1分	○ワークシートを配り，状況を説明する。 　T：あなたの学校のALTの先生は，みんなのことをよく知りたいと思っています。そこで，あなたのことをよく知ってもらえるように，自分の特徴や特技，印象に残ってもらえそうなことを取り上げ，メッセージカードを作成しましょう。
Step 1 ・マッピングを用い，伝えたい内容を整理する。 4分	○伝える内容を考えさせる。 　T：他の人にはない，あなただけの特徴や良さを，ALTの先生に伝えるメッセージカードを作成します。マッピングしながら，伝える内容を整理しましょう。 ・この段階で，英語で書かせていくのもよい。 ・どの順番で書くのかを考えさせる。
Step 2 ・メッセージカードを書く。 15分	○自己紹介メッセージを書かせる。 ・ワークシートに書かせ，その後，メッセージカードを配り，清書させ，ALTに渡すことを伝える。
発展 ・口頭で自己紹介をした後，メッセージカードを渡す。 （40分）	○パフォーマンステストをする。 ・パフォーマンステストを兼ね，ALTと1対1で行った後，メッセージカードを渡すこともできる。

112

Worksheet

ALT へのメッセージ！　This is me!

Class（　　　　）Number（　　　　）Name（　　　　　　　　　）

目的・場面・状況

　あなたの学校の ALT の先生は，みんなのことをよく知りたいと思っています。そこで，あなたのことをよく知ってもらえるように，自分の特徴や特技，印象に残ってもらえそうなことを取り上げ，メッセージカードを作成しましょう。

Step 1　どんなことを伝えようか，マッピングして自己紹介アイデアを出しましょう。

わたし

Step 2　Dear Mr/Ms.○○,　で始めて，自分を紹介する文章を書きましょう。

Dear _____,

_____

_____

_____

_____

_____

_____

_____

発展　ALT の先生に自己紹介をした後，メッセージカードを渡しましょう。

Chapter 7　書くことの「思考力，判断力，表現力」を育てる授業づくり&ワーク　113

内容を整理して伝える／客観的な事実で伝える

02 外国人向けに町のゆるキャラを作って伝える

対象　1年（2学期）　　時間　20分　　言語材料　三人称単数現在形・can　他

　多くの町や学校には，ゆるキャラがあります。今あるゆるキャラを説明させることも可能ですが，外国に発信するために，新たな「ゆるキャラ」を考えさせ，その特徴を捉えさせ，適切に表現していくことで「思考力，判断力，表現力等」を高めさせていきます。

ねらい　町や学校の特徴を捉えた「ゆるキャラ」を作成し，外国人に興味をもってもらえるよう，内容を整理して紹介文を書くことができる。

指導手順

生徒の学習活動	教師の指導／支援
「目的・場面・状況」を確認する。　　　　　　　　1分	○ワークシートを配り，状況を説明する。 　T：外国人向けに「ゆるキャラ」の募集が始まりました。
Step 1 ・住んでいる町の良さや特徴を考える。 ・ゆるキャラの絵を描く。 　　　　　　　　9分	○住んでいる町の良さや特徴を考えさせる。 　T：What do you like about this town? 　S1：I like my town because we have beautiful lakes. 　T：Good. Think about the good points of this town? ○ゆるキャラの絵を描かせる。 　T：Draw a picture of a local mascot. ・ゆるキャラの色にも注目させたい。　　ゆるキャラの画像 ・生成 AI を用いて描かせてもよい。
Step 2 ・外国人に向けて，ゆるキャラの紹介文を書く。 　　　　　　　　10分	○紹介文を書かせる。 ・外国人に伝わるよう，文の順番や内容を考えさせる。 （例）This is Kacky, my town's mascot. It is a persimmon. My town is famous for persimmons. It is light brown. He is cute and friendly. He can speak many languages. He is smart. He can help people in need ....
発展 ・発表する。　　　　（20分）	○班で発表させ，班の代表を決めさせる。 ・その後，クラスで発表させ，投票させてもよい。

114

Worksheet

ゆるキャラを作ろう！

Class（　　　　） Number（　　　　） Name（　　　　　　　　　　　　）

─────────── 目的・場面・状況 ───────────

　あなたの町では，外国人向けに町の「ゆるキャラ」を作ることになりました。町の広報で「ゆるキャラ」の募集が始まりました。

Step 1　あなたの町の特徴は何でしょうか。

〔町の特徴〕　　　　　　　　　　　　　〔ゆるキャラの絵を描いてみよう〕

Step 2　外国人向けに，あなたの考えた「ゆるキャラ」を説明します。「ゆるキャラ」の特徴などがうまく伝わるよう，紹介文を書きましょう。

発展　あなたが考えた「ゆるキャラ」を発表しましょう。

Chapter 7　書くことの「思考力，判断力，表現力」を育てる授業づくり&ワーク　115

内容を整理して伝える／読み返す

03 学校生活1年をふり返る

対象　1年（3学期）　　時間　25分　　言語材料　過去形　他

　3学期は，過去形も学ぶことから，1年をふり返らせながら，学校生活の1年間の思い出を綴らせます。同時に，メタ認知を働かせ，成長や成果を確認する機会とします。勉強や運動，行事などで，過去の自分と比較し，成長したことを実感させ，次年度につなげます。

ねらい　学校生活をふり返る作文を書くために，1年間の出来事をふり返り，伝えたいことの内容を整理し，まとまりのある文章を書くことができる。

指導手順

生徒の学習活動	教師の指導／支援
「目的・場面・状況」を確認する。　　　　　　　　　1分	○ワークシートを配り，状況を説明する。 　T：HPで1年間の学校生活の思い出を海外に発信します。
Step 1 ・マッピングしながら，1年をふり返る。 5分	○マッピングしながら，1年をふり返らせる。 　T：人は，気づかないうちに成長しているものです。勉強や運動で頑張ったこと，行事で自分自身が高まったこと等，自分自身をふり返ってみましょう。 ・成長はなかなか気づかないので，教師が支援しつつ，勉強や運動で頑張ったこと等，考えるきっかけを与える。
Step 2〜3 ・「わたしの1年」をテーマに書く。 8分	○1年をふり返り，柱立てを考えさせる。 ・文章構成に留意させる。 〔Topic sentence〕一言でどんな1年だったか？ 〔Supporting sentences〕その理由や具体例や体験等。 〔Concluding sentence〕結論と，次年度への希望。 ○文章を書く時間を取る。
Step 4 ・文章化し，校閲する。　6分	○読み返させ，文章をよりよいものになるようにさせる。
発展 ・発表する。　　　　　　5分	○ペアで発表させる。 ・発表し合わせ，聞いたら，コメントを述べさせる。

Worksheet

学びと成長の1年　学校生活の宝物

Class（　　　　）Number（　　　　）Name（　　　　　　　　　　）

目的・場面・状況

　中学に入学して1年が経とうとしています。新聞委員会では，3月号の特集を「学校生活の思い出」とし，HPで海外に発信できるよう，英語の記事を集めています。

Step 1　あなたの1年はどうでしたか。伝えたいことを整理しましょう。

わたしの1年

Step 2　構成を考えましょう。

Topic sentence （主張）	
Supporting sentences （理由や具体例）	
Concluding sentence （結論）	

Step 3　HP用に，あなたの1年を英語で書いてみましょう。（ノート，または裏面等へ）

Step 4　書いた文章を読み返し，校閲しましょう。

　　　　　＊校閲＝文章や書類などの内容を詳しく読み，誤りや不備がないかを確認し，修正する作業

発展　友だちと発表し合ってみましょう。

Chapter 7　書くことの「思考力，判断力，表現力」を育てる授業づくり&ワーク　117

「要点」を捉える／伝える／説明する

04 内容を適切に伝える

対象　2年（2～3学期）　　時間　20分　　言語材料　未来形・受け身　他

全国学力・学習状況調査（令和5年実施）では，外国人からの「なんて書いてあるの？」に対して即興的に答える話すことの問題が出されました。日本語が分からない外国人に書かれている内容を，自分の持っている英語力で説明することは大事な技能と考えます。

ねらい　日本語で書かれた文章を英語で外国人に伝えるために，書かれていることの意図を理解し，その意図が伝わるように，必要な情報を入れて伝えることができる。

指導手順

生徒の学習活動	教師の指導／支援
「目的・場面・状況」を確認する。　　　　　　　　　1分	○ワークシートを配り，状況を説明する。 　T：原爆死没者慰霊碑の前で，外国人が話しかけます。
Step 1 ・自分で考えて説明文を書く。 　　　　　　　　　　12分	○説明文を考えさせる。 ・実際の場面では，外国人に即興で伝えることから，辞書等で調べさせず，その場で英語で説明するようにする。 ・生徒から考えを引き出す。 （例）Please sleep in peace. We won't repeat the same mistakes. ／ Rest in peace, for we will not repeat the mistakes.
Step 2 ・説明した後に，付け足したいことを考える。 ・戦争について伝える英文を自分の考えも入れて書く。 　　　　　　　　　　7分	○碑の内容を説明した後に，付け足す説明を考えさせる。 　T：碑に書かれていることを伝えるだけでいいかな？外国人のために，何か説明を続けることはありますか。 　S1：「どこから来たのか」など話をする。 　S2：碑に書かれている背景を伝える。 ○日本の戦争について伝えさせる。 （例）An atomic bomb was dropped on Hiroshima on August 6, 1945. Around 140,000 people died from it. We must not have wars on our Earth.

Worksheet

「なんて書いてあるの?」と聞かれたら?!

Class（　　　）Number（　　　）Name（　　　　　　　　　　　　）

―― 目的・場面・状況 ――

あなたは広島の平和記念公園の原爆死没者慰霊碑の前にいます。外国人が碑に書かれている日本語を指さしながら，What does this say? と尋ねてきました。

原爆死没者慰霊碑

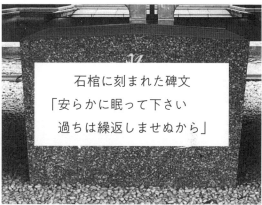

石棺に刻まれた碑文
「安らかに眠って下さい
過ちは繰返しませぬから」

Step 1　あなたなら，どのように説明しますか。

Foreign person：Excuse me, can you help me read this Japanese. What does this say?

You：_____

_____

碑に書かれていることを
伝えるだけでいいかな？

Step 2　碑に書かれていることを説明した後，他にどんなことを伝えたら，いいですか。

_____

_____

_____

Chapter 7　書くことの「思考力，判断力，表現力」を育てる授業づくり&ワーク　119

内容を整理して伝える／客観的な事実で伝える

05 日本を伝えるクイズを作る

///////////

対象　2年（3学期）　　時間　25分　　言語材料　比較・最上級　他

外国人に日本のことを知ってもらうために，「クイズ！JAPAN検定」の作成を行います。クイズには，初級（レベル1）から，中級（レベル2），上級（レベル3）を用意します。これをKahoot!（クイズアプリ）の問題とすることもできます。

ねらい　外国人に日本のことを知ってもらうために，難易度を考慮しながら，楽しく学べるクイズを作成し，クイズの解説を書き，日本のことを伝えることができる。

指導手順

生徒の学習活動	教師の指導／支援
「目的・場面・状況」を確認する。 1分	○ワークシートを配り，状況を説明する。 　T：日本のことを知ってもらうためにクイズを作成します。
Step 1 ・クイズを作る。 10分	○クイズを作らせる。 ・実際に，Kahoot!を用いて，クイズをさせ，イメージをもたせるとよい。 （例）初級編　What is the highest mountain in Japan? 　　　中級編　How many prefectures are there in Japan? 　　　上級編　What is the name of a battle between Ishida Mitsunari and Tokugawa Ieyasu? And when did it take place?
Step 2 ・クイズの解説を作る。 7分	○クイズの解説を作らせる。 （例）初級編〔解説〕Mt.Fuji is 3776m high.　You can climb it and see a beautiful view from the top.
Step 3 ・班でクイズを完成する。 7分	○班でレベル別に5問ずつ作り，完成させる。 ・提出用にプリントを配付する。 ・作成された問題を，次の時間から帯活動でKahoot!を用いて，クイズに答える活動を行わせる。

Worksheet

クイズで JAPAN 検定！

Class（　　　　）Number（　　　　）Name（　　　　　　　　　　）

目的・場面・状況

あなたのクラスでは，外国人に日本のことを知ってもらうために，クイズを作成して，Kahoot!（クイズアプリ）にアップすることになりました。

Step 1　どんなクイズを作りますか。答えの選択肢も作りましょう。レベル１（初級）から，レベル３（上級）まで，難易度を記しましょう。

①

〔選択肢〕a.　　　　　　b.　　　　　　c.　　　　　　d.　　　　　（レベル　　）

②

〔選択肢〕a.　　　　　　b.　　　　　　c.　　　　　　d.　　　　　（レベル　　）

③

〔選択肢〕a.　　　　　　b.　　　　　　c.　　　　　　d.　　　　　（レベル　　）

④

〔選択肢〕a.　　　　　　b.　　　　　　c.　　　　　　d.　　　　　（レベル　　）

Step 2　作ったクイズから２つ選び，解説を添え，日本のことを知ってもらいましょう。

問題番号（　　　）

問題番号（　　　）

Step 3　班で，初級編，中級編，上級編のクイズを各５問ずつ作成しましょう。

Chapter 7　書くことの「思考力，判断力，表現力」を育てる授業づくり＆ワーク　121

内容を整理して伝える／「情報」を伝える／良さや魅力を伝える

06 相手の立場になり，感謝の気持ちを伝える

対象　3年（1学期）　　時間　30分　　言語材料　原形不定詞　他

短い文章の中に，必要な情報を入れ，伝えることも，「思考力，判断力，表現力等」を必要とします。どのような言葉を贈ると，相手は喜ぶのかを考え，言葉を選び，書かせます。感謝の言葉を添えたり，実際に経験したことを記すことで，気持ちが具体的に伝わります。

ねらい　友だちの誕生日メッセージを贈るために，感謝の気持ちを添えながら，必要な情報を入れて具体的に伝えることができる。

指導手順

生徒の学習活動	教師の指導／支援
「目的・場面・状況」を確認する。　　　　　　　　　1分	○ワークシートを配り，状況を説明する。 　T：誕生日のお祝いメッセージを贈ることになりました。
Step 1 ・お祝いメッセージを英語で書く。 　　　　　　　　　12分	○お祝いメッセージを書かせる。 ・感謝の言葉を添えて書かせるようにする。 （例）Happy birthday! Thank you very much for talking with me every day. You always help me. The other day, you helped me solve a difficult math question. I was very happy to understand it. Your talk is also very funny. I always laugh a lot. You always make me happy. Please keep in touch. I hope you'll have a wonderful year! ・体験したことも入れながら，具体的に書かせる。 ・もらえない生徒がでないように，〔友だち1〕は隣の生徒，〔友だち2〕は前後の生徒，〔友だち3〕は書きたい友だちにする等，配慮したい。
Step 2 ・清書し友だちに贈る。　7分	○メッセージカードに清書し，贈り合わせる。 ・タブレットを利用して，贈り合うこともできる。
発展 ・ALTにメッセージを書く。 　　　　　　　　　10分	○ALTへの誕生日のお祝いメッセージを書かせる。 ・誕生日が近くなくても，感謝を込めて贈らせる。

Worksheet

友だちが喜ぶ誕生日メッセージを贈ろう！

Class（　　　）Number（　　　）Name（　　　　　　　　）

目的・場面・状況

　今日は友だちの誕生日です。あなたはお祝いのメッセージを贈ります。いつもは日本語で書きますが，英語を勉強しているので，英語で書こうと思います。

Step 1 　友だちに感謝の言葉を添えて，お祝いのメッセージを贈ります。友だちが喜ぶようなメッセージを書きましょう。

〔友だち１〕　Birthday_____

〔友だち２〕　Birthday_____

〔友だち３〕　Birthday_____

Step 2 　メッセージカードに清書し，友だちに渡しましょう。

発展 　ALT の先生の誕生日を尋ね，メッセージカードをプレゼントしましょう。

Chapter 7　書くことの「思考力，判断力，表現力」を育てる授業づくり＆ワーク　123

内容を整理して伝える／「構成」を考えて伝える／読み返す

07 英語について考える

対象　3年（3学期）　　時間　36分　　言語材料　既習事項

　3年間の最後には，英語が生涯学習となることを期待し，English & I（英語とわたし）というテーマで，英作文させたいです。英語との出合いや英語授業の思い出，今後の英語との付き合い方など，英語への思いを生徒から引き出すようにします。

ねらい　「English & I（英語とわたし）」をテーマに，英語への思いを英語の先生に伝えるために，自分の考えや気持ちを整理し，文章構成を考えながら書くことができる。

指導手順

生徒の学習活動	教師の指導／支援
「目的・場面・状況」を確認する。　　　　　　　　1分	○ワークシートを配り，状況を説明する。 ・English & I（英語とわたし）をテーマに考えを書かせる。
Step 1 ・考えを整理する。　　2分	○マッピングして，考えを整理させる。 ・思いつくことをどんどん書き出させる。
Step 2 ・構成を意識し，柱立てを行う。 13分	○構成を考えさせる。 ・Topic sentence（主張），Supporting sentences（理由や具体例等），Concluding sentence（結論）をまず書かせる。 ・机間指導し，適切に表現できているか確認する。
Step 3 ・ノートやタブレットに作文する。 10分	○文章化させる。 ・パソコンやタブレットで書かせると，後で修正などが容易であるため，日頃から使用させ，慣れさせておくとよい。 ・相手が理解できるように，必要な情報や伝えたいことが明確になるように，文章を書くように指示する。
Step 4 ・読み返し，校閲する。 10分	○読み返させる。 ・文章を書き終えたら，くわしく読ませ，誤りや不備がないかを確認させ，修正させる。 ・必要に応じ，Peer reading（読み合うこと）もさせる。

124

Worksheet

English & I　英語とわたし

Class（　　　　）Number（　　　　）Name（　　　　　　　　　　　）

目的・場面・状況

　英語の授業で，先生から，English & I というテーマが与えられました。英語についてどんな思いがありますか。また今後，英語とどのように付き合っていきたいですか。

Step 1　マッピングして，自分の考えを整理しましょう。

English & I

Step 2　構成を考えましょう。

Topic sentence （主張）	
Supporting sentences （理由や具体例）	
Concluding sentence （結論）	

Step 3　先生に伝えるために，ノートやタブレットに英語で自分の考えや気持ちを書いてみましょう。

Step 4　書いた文章を読み返し，相手に伝わりやすいように，情報や考えを付け足したり，文を入れ替えたりして，校閲しましょう。

Chapter 7　書くことの「思考力，判断力，表現力」を育てる授業づくり＆ワーク　125

まとめ

「書くこと」は，「話すこと」と異なり，表現するまでに考える時間があります。どのように伝えたらよいか，どんな語彙や語句，表現を用いたらよいか，熟考する時間があります。それが生徒の言語活用能力を育てていくものと考えます。

また，熟考する時間のある「書くこと」の活動で，言語活用能力を鍛えておくことで，それがそのまま「話すこと」の場でも，その能力が活かされ，よりよいコミュニケーション能力として総合的に育成されると考えます。

「書く」ことの指導の中心は，「内容を整理して書く」です。指導しなければ，生徒に身に付くことはありません。1年の後半より，徐々に指導を行い，教師が指示しなくても，自分で構成を意識して書くことができるよう，育てていきます。

「内容を整理する」ためには，マッピング等で考えを出させるとよいです。そして，複数の情報の中から必要な情報を選び，その情報に優先順位を付けていきます。そのように整理した後，実際に書く段階では，Topic sentence → Supporting sentences → Concluding sentence の順番で，書かせていきます。そして，言語活動を繰り返し，この形式に慣れさせます。

技能は1回で身に付くことはありません。技能は繰り返し行う中で身に付けていくものです。慣れさせるために，小刻みなライティング活動を取り入れます。Chapter 6のまとめで，トピックを提示していますが，それをそのまま書かせることもできますし，また，下記のように，大きなテーマを与え，書く機会を与えることもできます。

【テーマ（例）】

・自分にとって大切なもの（Something important to me）
・自分の町にあったらよいもの（What I want in my town.）
・本文を読んだ感想（What do you think of the story?）
・学校に必要なもの（What do you want for our school?）
・健康でいるために（What do you do to stay healthy?）
・理想の職業（Ideal job for the future）
・列に並ぶ？並ばない？（Wait in line for delicious food or do not wait in line?）
・10年後の25歳の私へ（To Me, 10 Years from Now.）
・サンキューカードを書こう（Let's write a thank you card.）

また，説明につなげる副詞や副詞句なども「知識及び技能」として指導し，それが「思考力，判断力，表現力等」の場面で使えるようにしておくことも大事です。

【副詞（句）等】

・列挙や順番を示す（First, Second, Finally）
・理由を示す（because, that's because, besides, in fact, though）
・例を示す（for example, such as, like）

Afterword

おわりに

「思考力，判断力，表現力等」についての指導，いかがでしたでしょうか。何かヒントとなるものが得られましたでしょうか。

私は何か課題があると，しばらくはその課題が頭から離れず，いつでもそのことを考えてしまいます。考えてみれば，「思考力，判断力，表現力等」は，「知識及び技能」を活用して行うので，私たちが話していることのほとんどは，「思考力，判断力，表現力等」を使っています。自然と行っているので，気づかないかも知れませんが，瞬時にどのような言葉を使ったらいいか，選択し，判断し，表現しています。小説も同じで，作家が，非常に上手に語彙や表現を選択し，持っている「知識及び技能」を活用して，物語を描写しています。すべては「思考力，判断力，表現力等」なのだと思います。

そう考えると，英語の授業では，小さな活動でいいから，「目的や場面，状況など」を設定した「思考力，判断力，表現力等」の言語活動を多く経験させ，既習事項をどのような場で，どのように使ったらよいか経験させていくことは大事だと思うようになりました。

スポーツには，練習や実践練習，練習試合，大会があります。練習や実践練習は，「知識及び技能」を身に付ける段階であり，授業における目的や場面，状況などを設定した言語活動は，練習試合になります。練習していきなり大会には出ません。その前に，実践的な練習や練習試合をします。「思考力，判断力，表現力等」の学習は，その練習試合みたいなものだと思います。だとしたら，使うと便利な既習表現が生徒から出てこなければ，「こんなものを使ってみたら」と〈教えて育てる〉ことも大事であると考えます。教えて育て，そして，海外旅行やホームステイという大会につなげます。そのための練習・実践練習，練習試合ですので，〈教えて育てる〉気持ちで指導をしていきたいものです。

2023年に「主体的に学習に取り組む態度」の本を，2024年に「知識及び技能」の本を，そして2025年，本書「思考力，判断力，表現力等」を執筆し，3部作が揃いました。

現行の学習指導要領になり，英語教育は大きな変革の中にいます。乗り越えなくてはいけない様々な課題があります。それら1つ1つを解決すべく，上記の3部作に至りました。

教育には，完成形はなく，日々，時とともに進化していきます。しかし，少しでも生徒たちに英語の勉強を楽しいと思ってもらえるよう，教師もまた，進化していかなくてはいけないのだと思います。これからも，楽しく，面白く，分かる授業を追い求め，英語教育の分野で精進していきたいと思います。

最後になりますが，手に取っていただきました読者の皆様，いつもありがとうございます。どこかでお会いできたら幸いです。

2025年3月

岐阜大学教育学部　瀧沢広人

【著者紹介】

瀧沢　広人（たきざわ　ひろと）

1966年東京都東大和市に生まれる。埼玉大学教育学部小学校教員養成課程卒業後，埼玉県公立小・中学校，ベトナム日本人学校，教育委員会，中学校の教頭職を経て，現在，岐阜大学教育学部准教授として小・中学校の英語教育研究を行う。主な著書は，『中学校英語「知識＆技能」の教え方ガイド＆ワーク（3分冊）』(2024)，『板書＆展開例でよくわかる　英文法アクティビティでつくる365日の全授業　中学校外国語（3分冊）』(2023)，『中学校英語　指導スキル大全』(2022)，『授業をグーンと楽しくする英語教材シリーズ49　Small Talk で使える！トピック別・中学生のためのすらすら英会話』(2024)，『同37　授業を100倍面白くする！中学校英文法パズル＆クイズ』(2014)，『同29　CanDo で英語力がめきめきアップ！　中学生のためのすらすら英文法』(2014)，『同27　文法別で入試力をぐんぐん鍛える！　中学生のための英作文ワーク』(2013)，『目指せ！英語授業の達人40　絶対成功する！新3観点の英語テストづくり＆学習評価アイデアブック』(2021)，『同39　絶対成功する！中学校新英文法指導アイデアブック』(2021)，『同30・31・32　絶対成功する！英文法指導アイデアブック（3分冊）』(2015)，『中学校英語サポート BOOKS　話せる！書ける！英語言語活動アイデア＆ワーク66』(共著・2023)，『同　苦手な子も読める！書ける！使える！中学校の英単語「超」指導法』(2021)，(以上，明治図書) 他多数。

目指せ！英語授業の達人44

絶対成功する！
中学校「思考力，判断力，表現力」を育てる
授業づくりアイデアブック

2025年4月初版第1刷刊　©著　者　瀧　沢　広　人
発行者　藤　原　光　政
発行所　明治図書出版株式会社
http://www.meijitosho.co.jp
(企画)木山麻衣子 (校正)有海有理
〒114-0023　東京都北区滝野川7-46-1
振替00160-5-151318　電話03(5907)6702
ご注文窓口　電話03(5907)6668

＊検印省略　　　　　　　組版所 株式会社木元省美堂

本書の無断コピーは，著作権・出版権にふれます。ご注意ください。
教材部分は，学校の授業過程での使用に限り，複製することができます。

Printed in Japan　　　　　　ISBN978-4-18-341326-0
もれなくクーポンがもらえる！読者アンケートはこちらから